Stephan Zopfi

BEWEGTE SCHULE!

Spiele und Übungen für die 1./2. Klasse

Bewegung, Entspannung und Konzentration
in den Unterricht integrieren

Entstanden in Zusammenarbeit mit der Pädagogischen Hochschule Zentralschweiz Luzern.

Gedruckt auf umweltbewusst gefertigtem, chlorfrei gebleichtem und alterungsbeständigem Papier.

5. Auflage 2022
© 2010 Auer Verlag, Augsburg
AAP Lehrerwelt GmbH
Alle Rechte vorbehalten.

© der Originalausgabe unter dem Titel *Bewegte Schule KG – 2. Spiele und Übungen für jeden Tag* bei elk verlag AG, CH-Winterthur

Das Werk als Ganzes sowie in seinen Teilen unterliegt dem deutschen Urheberrecht. Der*die Erwerber*in der Einzellizenz ist berechtigt, das Werk als Ganzes oder in seinen Teilen für den eigenen Gebrauch und den Einsatz im eigenen Präsenz- oder Distanzunterricht zu nutzen.

Produkte, die aufgrund ihres Bestimmungszweckes zur Vervielfältigung und Weitergabe zu Unterrichtszwecken gedacht sind (insbesondere Kopiervorlagen und Arbeitsblätter), dürfen zu Unterrichtszwecken vervielfältigt und weitergegeben werden. Die Nutzung ist nur für den genannten Zweck gestattet, nicht jedoch für einen schulweiten Einsatz und Gebrauch, für die Weiterleitung an Dritte einschließlich weiterer Lehrkräfte, für die Veröffentlichung im Internet oder in (Schul-)Intranets oder einen weiteren kommerziellen Gebrauch. Mit dem Kauf einer Schullizenz ist die Schule berechtigt, die Inhalte durch alle Lehrkräfte des Kollegiums der erwerbenden Schule sowie durch die Schüler*innen der Schule und deren Eltern zu nutzen. Nicht erlaubt ist die Weiterleitung der Inhalte an Lehrkräfte, Schüler*innen, Eltern, andere Personen, soziale Netzwerke, Downloaddienste oder Ähnliches außerhalb der eigenen Schule. Eine über den genannten Zweck hinausgehende Nutzung bedarf in jedem Fall der vorherigen schriftlichen Zustimmung des Verlags.

Sind Internetadressen in diesem Werk angegeben, wurden diese vom Verlag sorgfältig geprüft. Da wir auf die externen Seiten weder inhaltliche noch gestalterische Einflussmöglichkeiten haben, können wir nicht garantieren, dass die Inhalte zu einem späteren Zeitpunkt noch dieselben sind wie zum Zeitpunkt der Drucklegung. Der Auer Verlag übernimmt deshalb keine Gewähr für die Aktualität und den Inhalt dieser Internetseiten oder solcher, die mit ihnen verlinkt sind, und schließt jegliche Haftung aus.

Autor*innen: Stephan Zopfi
Illustrationen: Domo Löw
Satz: krauß-verlagsservice, Augsburg
Druck und Bindung: Franz X. Stückle Druck und Verlag e.K.
ISBN 978-3-403-06596-8

www.auer-verlag.de

Inhaltsverzeichnis

Vorwort 4

Der Erfahrungsraum von
Kindern und Jugendlichen 5

Grundlagen des Lernens 6

Die Gesundheitssituation 8

Tipps für Einsteigerinnen und Einsteiger ... 9

Literaturverzeichnis 11

Zum Einsatz der Materialien 12

Spiele und Übungen 13

Alle Übungen auf einen Blick 72

Vorwort

Viele Lehrerinnen und Lehrer merken, dass sich im Bereich des Unterrichtens etwas ändern muss. Sie und Ihre Kinder sind wachsenden Belastungen in der Schule ausgesetzt. Kinder und Jugendliche mit Lern- und Gesundheitsproblemen wie ADS/ADHS, LRS, Dyskalkulie, Adipositas, Diabetes, Haltungsschäden usw. fordern Lehrpersonen vermehrt. Sie möchten wieder mehr Spaß am Unterrichten erhalten, dadurch Ihren Schülerinnen und Schülern mehr Lernfreude ermöglichen und somit den Lernerfolg der Kinder steigern? In vielen Situationen reicht das in der Ausbildung Gelernte nicht mehr aus, um sich der veränderten Wirklichkeit in der Schule erfolgreich stellen zu können. Bewegtes Lernen stellt einen leicht zu realisierenden und vielversprechenden Ansatz dar, um der beschriebenen Problematik erfolgreich begegnen zu können. Es handelt sich um ein Lernen mit allen Sinnen.

Rhythmisierung durch Bewegung
Bewegung galt früher als so normal, dass sie in der Gesellschaft und somit auch in der Schule schlicht kein Thema war. Die Erkenntnisse der Gehirnforschung, die in den letzten Jahren große Fortschritte erzielte, haben die Bedeutung von Bewegung im gesamten Lernprozess in ein völlig neues Licht gerückt. In meiner knapp zwanzig Jahre dauernden Tätigkeit als Dozent für allgemeine Didaktik in der Lehrerinnen- und Lehrerbildung habe ich hunderte von Schulstunden in sämtlichen Fächern der Grundschule mit einer gewissen Distanz beobachten können. Trotz vieler Hinweise und eigenem Vorleben wurde der bewegte Unterricht nur zögerlich umgesetzt. Praktisch überall, wo die Studentinnen und Studenten es aber konsequent versuchten, war ihnen Erfolg beschieden. Konzentriertere Schülerinnen und Schüler, bessere Rhythmisierung des Unterrichts und damit mehr Lernerfolg bei den Kindern waren in diesen Fällen sehr oft das Ergebnis.

Das Lernen positiv beeinflussen
Das Interesse der Lehrpersonen am Thema ist sehr groß, was sich in vielen Anfragen für entsprechende Input-Veranstaltungen zeigt. Immer wieder verhindern Ängste und Vorurteile dann aber die nachhaltige Umsetzung. Bewegung produziere Unruhe, der Stoffdruck sei zu hoch, Eltern wollten das nicht, die Disziplin leide und Lerninhalte würden vernachlässigt wird u. a. moniert. Die angewandte Forschung zeigt, dass Vorbehalte dieser Art jeglicher Grundlage im Zusammenhang mit Bewegtem Lernen entbehren. Treten Probleme in diesen Bereichen auf, so liegt ihnen fast immer ein anderer Umstand zugrunde. Zudem verdichten sich die Hinweise immer mehr, dass körperliche Aktivität das Lernen und die Hirnleistungsfähigkeit positiv beeinflusst. Aber nicht nur Bewegung gehört zu einem gut rhythmisierten Unterricht, auch ruhige Spiele zur Konzentrationsförderung und Entspannung können je nach Unterrichtssituation angebracht sein. Der vorliegende Band beinhaltet deshalb Spielformen, die sowohl der anregenden Bewegung als auch der beruhigenden Entspannung gerecht werden.

Theorie und Praxis
Damit ist nicht gesagt, dass Bewegtes Lernen der Schlüssel für die Lösung sämtlicher Schulprobleme ist. Bei der Berücksichtigung der aufgeführten Tipps lässt sich aber zumindest ein Versuch starten; der Umsetzung der von Studierenden der Pädagogischen Hochschule Zentralschweiz Luzern recherchierten und entwickelten Spielformen steht nichts im Wege. Ich danke der Schulleitung der Pädagogischen Hochschule Zentralschweiz Luzern, besonders Prof. Dr. Michael Fuchs, Leiter des Studienganges Primarstufe, für die Unterstützung, meinem Kollegen Rainer Held (Dozent für Musiklehre) sowie meiner Kollegin Pia Leupi (Dozentin für Rhythmik) für Ihre Mitarbeit im entsprechenden Ausbildungsmodul und den Studierenden der PHZ Luzern für das Zusammentragen der vielen praktischen Ideen.

Ich wünsche Ihnen viel Freude beim Bewegten Lehren und Lernen!

Stephan Zopfi

Der Erfahrungsraum von Kindern und Jugendlichen

Der Großteil der Bevölkerung lebt heute in Verdichtungs- und Wohnzonen. Spielräume für Kinder werden durch Verkehrsflächen und Hochbauten immer enger. Stattdessen stellt sich die Situation folgendermaßen dar:

- Bewegungshemmende Architektur: Spielplätze, die von Wohneinheiten zu weit entfernt liegen, als dass kleinere Kinder ohne elterliche Begleitung spielen gehen können.
- Enge Wohnungen, geteerte Plätze, Standard-Spielplätze, wenig Grünflächen; Kindergärten mit geteertem Außenspielraum.
- Wohnlage in höheren Stockwerken, zu schwere oder ständig geschlossene Eingangstüren, zu hoch angebrachte Klingeln.
- Gefahr durch Straßenverkehr; damit verbunden eingeschränkte Möglichkeit, Kinder Wege alleine bewältigen zu lassen und draußen spielen zu lassen – auch in Dörfern.
- Die Straße als Ort zum Spielen ist vom Aussterben bedroht.
- Verbote für Kinder und Jugendliche, bei Schulhausbetrieb und abends auf öffentlichen Plätzen (Schulhausplätze, Sportanlagen) Sport zu treiben.
- Verbote für Kinder, Rasenflächen zu betreten und dort zu spielen
- Mangelnde Infrastruktur zur Bewegungsförderung wie nicht ausreichend vorhandene Schwimmhallen, öffentliche Fußballplätze etc.

Erfahrungsräume fehlen

Kinder und Jugendliche finden fast ausschließlich eigens geplante und gestaltete Innen- und Außenräume für vorstrukturierte und genormte Betätigungsmöglichkeiten. Die aktiven Teilnahmemöglichkeiten gehen zurück. Das bedeutet einerseits eine Entlastung von zu früher Beanspruchung, andererseits fehlt die stärkende Erfahrung des eigenen Könnens und Gebrauchtwerdens. Es fehlen auch immer mehr die für eine gesunde Entwicklung unabdingbaren verschiedenen verarbeitbaren Sinneseindrücke.

Elektronische Geräte ersetzen die Eigenaktivität

Als Ersatz für die fehlenden Bewegungsflächen beschäftigen sich Kinder immer mehr mit digitalem Spielzeug. Dessen Verfügbarkeit und die von technischen, vor allem elektronischen Unterhaltungsgeräten verschiedenster Art ist für viele Kinder und Jugendliche unwahrscheinlich groß geworden. Verstärkt ziehen sich Kinder in die Wohnungen und Kinderzimmer zurück und beschäftigen sich mit vorstrukturiertem, industriell gefertigtem Spielzeug oder verbringen ihre Zeit mit Fernseher, Computer und verschiedenen Audiogeräten. Die Medienwelt ist in einem früher unvorstellbaren Maß allgegenwärtig. Der damit verbundene Ersatz direkter Welterfahrung durch medial vermittelte Bilder und Botschaften ist in seinen Auswirkungen noch kaum abzuschätzen. Gleichzeitig kann nicht übersehen werden, dass sich Kindern und Jugendlichen dadurch neue und interessante Informations-, Lern- und Unterhaltungsmöglichkeiten eröffnen. Allerdings sind dabei zu oft nur einsinnige und vor allem bewegungsarme Erfahrungen möglich.

Freizeit ist verplant

Kinder und Jugendliche können aus einem großen Freizeitangebot auswählen: Sportclubs, Musikschulen, Jugendgruppen, Theater, Tanzschulen und andere Einrichtungen und Organisationen bieten ein dichtes Netz von Möglichkeiten für Kinder und Jugendliche, ihre individuellen Vorlieben, Fähigkeiten und Begabungen zu entfalten und zugleich auch Sozialerfahrungen zu machen. Dies kann gemeinschaftsbildend wirken und zur Identitätsfindung beitragen. Eine unreflektierte Inanspruchnahme dieser verschiedenen Angebote birgt jedoch auch die Gefahr von zeitlicher und leistungsmäßiger Überbeanspruchung. Zeitknappheit und Stresssituationen sind für Kinder und Jugendliche deshalb zunehmend Alltagswirklichkeiten.

Grundlagen des Lernens

Analysiert man die Alltagswirklichkeiten, so stellt man fest, dass die Mehrzahl der Kinder und Jugendlichen gar keine Gelegenheit erhält, vielfältige Sinneseindrücke aufzunehmen und zu verarbeiten. Aus Sicht des schulischen Lernprozesses ist aber gerade dieser Komponente große Aufmerksamkeit zu schenken.

Bewegung ist wichtig

Bewegung steigert die Durchblutung des Gehirns und somit der Versorgung der Nervenzellen mit Sauerstoff. Körperliche Betätigung beeinflusst außerdem die Stimmung positiv und fördert kognitive Leistungen – Lernen ohne Bewegung ist kaum denkbar.

„Neben direkten Einflüssen von Bewegung und Sport auf die Struktur des Gehirns, auf kognitive Prozesse und auf die Gehirndurchblutung kann körperliche Aktivität auch Bedeutung haben für Aspekte, die das Lernverhalten beeinflussen. Verschiedene Studien und Projekte weisen auf den Zusammenhang zwischen Bewegung und Motivation, Selbstachtung und Konzentration und deren Einfluss auf die Hirnleistungsfähigkeit hin." (Pühse/Müller 2005) Wenn Bewegung die Gehirndurchblutung, die Bildung von Synapsen und Neurotransmittern begünstigt, dann kann wohl mit Recht behauptet werden, dass ein Mangel an Bewegung das Gegenteil bewirkt und dadurch die Lernleistung negativ beeinflusst wird. Kopfschmerzen, Rückenschmerzen, Konzentrationsschwierigkeiten und weitere teilweise psychosomatische Beschwerdebilder können durch Bewegungsmangel hervorgerufen werden und schränken die Lernleistung ein.

Sinneswahrnehmungen beeinflussen das Lernen

Sucht man nach Gründen für Lern- und Verhaltensschwierigkeiten bei Kindern, so fällt in solchen Situationen auf, dass die Fähigkeit, Sinneseindrücke angemessen wahrzunehmen, zu ordnen und zu verarbeiten, oft mangelhaft entwickelt ist. Lesen und Schreiben sind komplexe Handlungsabläufe; um diese richtig ausführen zu können, sind das richtige Verarbeiten und Verbinden der Sinneswahrnehmungen erforderlich. (Beigel 2005)

Wahrnehmen und Bewegen sind Voraussetzung und Grundlage für alle Kompetenzbereiche und bedingen sich gegenseitig. Sensorische Erfahrungen sind nur dann nachhaltig wirksam, wenn die Schülerinnen und Schüler diese selbst aktiv handelnd, am besten in Bewegung, vollziehen können. Durch Tätigkeiten wie Bälle auf den Boden prellen, mit der Körperhaltung auf einer Schaukel experimentieren oder über ein Hindernis springen üben Kinder ihre Wahrnehmungs- und Reaktionsfähigkeit. Sie lernen die Eigenschaften von Dingen und ihres Körpers kennen, sich auf unterschiedliche Gegebenheiten einzustellen. Kinder lernen z. B. beim Fangenspielen, sich im Raum zu orientieren. Immer wieder wechseln bei diesen Spielen der eigene Standort, jener der Fängerin oder des Fängers und die eigene Perspektive. In Bewegung lernen die Kinder die Dimensionen eines Raumes kennen. „Solche Raumerfahrungen bilden die Basis für spätere abstrakte Raumvorstellungen, wie sie zum Beispiel beim Rechnenlernen notwendig sind." (Zimmer 2006)

Die visuelle Sinneswahrnehmung

Rund 80 % der Nervensignale werden durch visuelle Reize ausgelöst. Der visuelle Wahrnehmungsbereich des Menschen ist täglich völlig überlastet. Die visuelle Reizfülle stellt ein Problem dar, denn immer mehr Kinder und Jugendliche haben Schwierigkeiten „richtig" zu sehen. Oft gibt es keinen medizinischen Befund; die Frage, weshalb Kinder Buchstaben verwechseln, Ziffern nicht richtig erkennen, „auswendig" lesen und eine unleserliche Schrift haben, bleibt offen. Genaues Beobachten (z. B. in der Natur, verbunden mit Bewegung) und das Festhalten und Beschreiben dieser Beobachtungen sind eine gute Schulung für bewusstes, visuelles Wahrnehmen.

Die auditive Sinneswahrnehmung

Zuhören können setzt eine intakte Hörwahrnehmung voraus. Viele Kinder können heute schlecht zuhören, der auditive Wahrnehmungsbereich ist beeinträchtigt. Dies ist eine der Ursachen für Klagen vieler Lehrpersonen über schlechte Sprachleistungen und Schwierigkeiten beim Schriftspracherwerb. Gezielt eingesetzte Reize auf das auditive Wahrnehmungssystem regen dieses an und ermöglichen dem Kind eine entsprechende Entwicklung.

Die taktile Sinneswahrnehmung
Die Haut ist das flächenmäßig größte Sinnessystem des Menschen. Sie wird während der Entwicklung im Mutterleib gemeinsam mit dem Nervensystem aus der gleichen Gewebeschicht gebildet. Haut und Nervensystem haben also den gleichen Ursprung. Kinder machen durch Handeln und Bewegen notwendige taktile Erfahrungen in Partner- und Gruppensituationen und unterstützen so die Entwicklung des Gehirns. (Beigel 2005) Für einzelne Kinder wird körperliche Nähe allerdings zur Belastung. Neben einem anderen Kind zu sitzen, ihm die Hand zu geben, kann ein Problem darstellen. Im Gegensatz zu diesen taktil überempfindlichen Schülerinnen und Schülern erleben Lehrpersonen auch taktil unterempfindliche Kinder. Sie erscheinen in ihrem Verhalten gegenüber anderen eher brutal, weil sie zu fest zugreifen, Wunden ignorieren und teilweise distanzlos erscheinen. Die Tendenz, taktile Sinneswahrnehmungen zu vernachlässigen, sollte in der Schule korrigiert werden. Je vielfältiger das handlungsorientierte Angebot ist, umso intensiver wird die Reizverarbeitung unterstützt. Bewegung bietet sich dafür geradezu an.

Sinneswahrnehmung mit dem Vestibularsystem
Das Gleichgewicht ist für uns Menschen von entscheidender Bedeutung. Die Lage im Raum definieren zu können, die aufrechte Körperhaltung sichern zu können und das Einstellen auf Drehungen, Richtungsveränderungen und Beschleunigungen ist lebensnotwendig. Beigel (2005) hält fest, dass Schülerinnen und Schüler mit Schwierigkeiten im vestibularen Wahrnehmen häufig nicht still sitzen oder stehen können, motorisch unruhig und zerstreut erscheinen. Vermeidungsstrategien (verweigern oder herumalbern) sind ebenso häufig zu beobachten wie Konzentrationsschwierigkeiten, leichte Ablenkbarkeit und häufige Flüchtigkeitsfehler. Angebote (Reize) für die Stimulierung des Vestibularsystems mittels täglicher Bewegung im Unterricht bieten den Kindern und Jugendlichen die Chance, ihre Konzentrationsfähigkeit zu steigern und besser arbeiten zu können, die Chance für einen erfolgreicheren Lernprozess also.

Die propriozeptive Sinneswahrnehmung
Unter Propriozeption versteht man die Eigenwahrnehmung des Körpers. Sensorische Informationen aus Muskeln, Sehnen und Gelenken ermöglichen eine gezielte Bewegungsausführung. Daraus entwickelt sich ein differenziertes Bild des eigenen Körpers und der Beziehung zwischen Körper und Raum. Kinder mit einer ungenügenden propriozeptiven Sinneswahrnehmung fallen häufig durch ungeschicktes und tollpatschiges Verhalten auf. Soziale Missverständnisse sind so vorprogrammiert. Bei Kindern und Jugendlichen mit einer zu starken oder zu schwachen Muskelspannung können die von den Sensoren ausgehenden Reize nicht oder nur ungenügend erkannt und verarbeitet werden. Das einzige Mittel, um diesem Umstand zu begegnen und ihn allenfalls zu korrigieren, ist Bewegung. Die differenzierte Wahrnehmung des Körpers ist eine wesentliche Erleichterung für den Schreiblernprozess, das Erlernen des Lesens und Rechnens.

Kinder brauchen Bewegung!
„Täglich ausreichend Bewegung ist von essentieller Bedeutung für Lernen und Entwicklung im Kindesalter. Wenn sich beim Lernen Phasen der Spannung und Entspannung sowie der Geistestätigkeit und der körperlichen Bewegung abwechseln, so werden Lernprozesse unterstützt." (Hessisches Sozialministerium, Hessisches Kultusministerium, 2005: Entwurf Bildungs- und Erziehungsplan für Kinder von 0 bis 10 Jahren in Hessen).
Bewegungseinschränkende Maßnahmen – von der politischen Ebene bis ins Klassenzimmer – missachten in sträflicher Art und Weise die aktuellen Forschungsresultate. Eine Rhythmisierung des Unterrichts durch Bewegungspausen führt zu einer Verringerung der motorischen Unruhe und zu einem besseren Lernverhalten der Kinder. Diese Unterbrechungen tragen auch zur Motivation und Entlastung der Lehrpersonen bei.

Die Gesundheitssituation

Die Gesundheitssituation eines (wachsenden) Teils der Schülerinnen und Schüler ist desolat. Übergewicht und Adipositas (Fettleibigkeit) sind hauptsächlich mit erhöhtem Medien-Konsum (TV, Computer) und schlechterer Fitness sowie mit niedrigem Bildungsniveau der Eltern verbunden. Die Zahl der adipösen Kinder und Jugendlichen steigt rasant. Bereits 1997 erklärte die Weltgesundheitsorganisation (WHO) Adipositas zur globalen Epidemie und damit zu einem ernst zu nehmenden Problem der öffentlichen Gesundheit. Neben der teilweise ungesunden Ernährung (vor allem Fast Food und Softdrinks) stellt vor allem die mangelnde Bewegung einen wesentlichen Teil des Problems dar.

In der Schule sitzen?
Lange Sitzphasen in der Schule verhindern die aus den aufgeführten Gründen so wichtige Bewegung. Die Belastung der Bandscheiben in der Lendenwirbelsäule ist im Sitzen um 40 % höher als im Stehen. Da Bandscheiben nicht über Blutbahnen verfügen und nur durch Diffusion mit Nährstoffen versorgt werden können, ist zumindest dynamisches Sitzen zu gewährleisten. Noch besser sind bewegte Unterbrechungen der Sitzphasen.

Osteoporose im Vormarsch
Osteoporose, der Mangel an Knochendichte, ist stark im Zunehmen begriffen. Laut der Weltgesundheitsorganisation (WHO) zählt Osteoporose mittlerweile zu den zehn häufigsten Erkrankungen überhaupt und wird von ihr als eines der wichtigsten Gesundheitsprobleme eingestuft. Das Maximum der Knochendichte wird nach der Pubertät erreicht. Die Knochendichte wird in erster Linie durch das Wechselspiel von Be- und Entlastung des Bewegungsapparates, also durch regelmäßige Bewegung, aufgebaut. Wer sich in jungen Jahren nicht ausreichend bewegt, wird am Ende der Pubertät eine geringere Knochendichte aufweisen und so einer erhöhten Osteoporosegefahr ausgesetzt sein. Deshalb gehören neben einem Bewegten Unterricht auf jeden Schulhof Hüpfspiele, Springseile und weitere zu aktivem Bewegen anregende Spielgeräte.

Unfallprophylaxe durch Bewegung
Regelmäßige Bewegung beugt auch Unfällen vor. Kinder und Jugendliche sind weniger unfallgefährdet, wenn sie sich regelmäßig bewegen. Wenn im Kindergarten und in der Schule bewegt gelernt wird, so ist die Chance groß, dass die Kinder im Bereich der Bewegungskoordination Fähigkeiten entwickeln, die sie in weniger unfallträchtige Situationen geraten lassen bzw. eine adäquate Reaktion in solchen Situationen ermöglichen.

Ganzheitliche Entwicklung
Bewegung ist ein Grundbedürfnis des Menschen und leistet einen wichtigen Beitrag zur Gesundheit. Die von regelmäßiger Bewegung ausgehenden Entwicklungsreize für die Reifung sämtlicher Elemente des menschlichen Organismus (Knochen, Muskeln, Nervensystem, Herz-Kreislaufsystem, Stoffwechsel, das Immunsystem usw.) sind elementar. Bewegung steigert auch das Selbstwertgefühl von Kindern und Jugendlichen und wirkt somit präventiv auf die Gewaltproblematik. Wer also auf eine ganzheitliche Entwicklung der Kinder und Jugendlichen Wert legt und auch das schulische Lernen nachhaltig fördern will, kommt um den gezielten Einsatz der Bewegung als Unterrichtsmittel nicht herum. Dies kann nicht ausschließlich im Bewegungs- und Sportunterricht geschehen. Ein praktisches Mittel für die Lehrperson, das ohne Risiko, dafür mit einer hohen Erfolgsgarantie eingesetzt werden kann, sind kindgerecht gestaltete Bewegungspausen: Spielformen, die sowohl Bewegung als auch sinnesfördernde Aktivitäten in den Unterricht bringen.

Tipps für Einsteigerinnen und Einsteiger

Je länger Schülerinnen und Schüler im Unterricht sitzend arbeiten müssen, desto öfter signalisieren sie uns das Bedürfnis nach Wahrnehmungs- und Bewegungsreizen, indem sie herumrutschen, sich strecken, mit dem Stuhl schaukeln und dadurch, dass sie den Unterricht stören. Lehrerinnen und Lehrer erkennen zwar diese Zeichen, zögern aber trotzdem häufig, mit verändertem Unterricht darauf zu reagieren. Bei den immer schwieriger werdenden Unterrichtsbedingungen wagen es viele Lehrkräfte nicht, einen Bewegten Unterricht zu realisieren. Die nachfolgenden Tipps sollen helfen, es wenigstens zu versuchen.

Konsequentes Einhalten von Regeln und Strukturen

Für alle Schülerinnen und Schüler sind klare Abmachungen und Regeln wichtig. Sie sollen Strukturen (Rituale, räumliche, zeitliche und inhaltliche Aspekte) erfahren, die ihnen eine gewisse Sicherheit geben. Dies gilt ganz besonders für Bewegungsanlässe im Unterricht. Das konsequente Umsetzen von besprochenen und gemeinsam vereinbarten Regeln und abgemachten Strukturen ist die Basis für das erfolgreiche Anwenden von Bewegtem Lernen. Es ist sinnvoll, das Nichteinhalten von Regeln mit vereinbarten Konsequenzen zu ahnden. Regeln gestatten dem einzelnen Kind mehr Freiheit. Auch die Ordnung im Klassenzimmer und am Arbeitsplatz der Schülerinnen und Schüler ist eine dieser wichtigen Regeln. Die genannten Aspekte verhelfen allen am Unterricht Beteiligten zu mehr Sicherheit, Verlässlichkeit und Vorhersehbarkeit. Wenn diese Punkte nicht konsequent eingehalten werden, ist das Umsetzen von Bewegtem Lernen mit Risiken verbunden. Die Bausteine des Lernens bestehen aus Bewegung, Entspannung, Freude, Humor, Interesse, Motivation, Aufmerksamkeit, Energie, Regelmäßigkeit und Wiederholung. Bauen wir aus diesen Bausteinen die Schule, das Haus des (Bewegten) Lernens.

Konzentrationsfähigkeit beachten

Neben der Unterrichtsgestaltung, dem Verhalten der Lehrperson und diversen organisatorischen Maßnahmen gilt es vor allem die Konzentrationsspannweite von Kindern und Jugendlichen in der Schule zu beachten. Nach Aregger (1994) können sich Kinder im Kindergarten und der Grundschule ca. 15 Minuten ohne Pause auf eine Begebenheit konzentrieren. Kinder zwischen sieben und zehn Jahren ca. 20 Minuten, Zehn- bis Zwölfjährige schaffen es 25 Minuten und Jugendliche ab 14 Jahren ca. 30 Minuten. Die in diesem Band enthaltenen Spiele können dazu dienen, den Unterricht in entsprechend lernrelevante Phasen zu unterteilen. Zudem kann Unterricht grundsätzlich in unterschiedlichen Körperhaltungen stattfinden.

Lernen am Modell

Lernen ist nicht ohne Emotionen möglich! Lernprozesse vollziehen sich am Nachhaltigsten im Zusammenspiel mit zwischenmenschlichen Beziehungen. Lehrpersonen müssen Vorbilder sein, Lob und Anerkennung aussprechen und immer wieder neuen Kontakt herstellen mit ihren Schülerinnen und Schülern. Auch wenn Lehrende und Lernende zusammenkommen und nicht miteinander sprechen, kommunizieren sie miteinander, denn Körper sind niemals stumm. Deshalb ist es so wichtig, dass sich Lehrpersonen auch bewegen und sich am Bewegten Unterricht zusammen mit ihren Schülerinnen und Schülern beteiligen.

Für Schulanliegen aktiv werden

Die Faust darf nicht mehr nur im Sack geballt werden, sondern Lehrpersonen sollen damit zwischendurch auf den Tisch schlagen. Vor allem wenn es darum geht, sich bei Schulhausrenovationen und -neubauten für die Anliegen einer Bewegten Schule stark zu machen. Lehrpersonen müssen verstärkt ihren Einfluss auch bei der Gestaltung der gesamten Schulanlage geltend machen und über die Zusammenhänge von Bewegung, Haltung und Lernen informieren, zum Beispiel bei Eltern, Hauswart und Schulbehörden.

Handfeste Anregungen zum Einstieg ins Bewegte Lernen

Die vielen Forschungsergebnisse müssen von Lehrpersonen in der Praxis umgesetzt werden, sonst bleiben sie Schubladenhüter. Um die Bewegung im täglichen Unterricht regelmäßig und bewusst zu integrieren, können folgende Hinweise dienlich sein:

- Mit wenigen Interventionen beginnen. Schalten Sie Bewegungspausen ein.
- Musikalische und rhythmische Elemente unterstützen vor allem bei jüngeren Kindern die Bewegung optimal.
- Probieren Sie in einem Fach zwei bis drei bewegte Lernformen aus und wiederholen Sie diese, bevor Sie Ihr Repertoire erweitern.
- Ordnen Sie an, dass Aufgaben bei Bedarf auch in einer unkonventionellen Position zu erledigen sind. Lassen Sie die Schülerinnen und Schüler zuerst andere Sitzpositionen (Stuhl drehen) einnehmen, dann aus einem Angebot an weiteren Positionen auswählen und gewähren Sie ihnen mehr und mehr Freiheiten, in welcher Position sie z. B. zuhören wollen.
- In alten Klöstern gibt es Kreuzgänge, in Parlamentsgebäuden und Universitäten Wandelhallen. Lesen und diskutieren kann man auch im Gehen oder Stehen (auf dem Schulhof oder im Gang des Schulhauses).
- Lassen Sie Blätter holen, verteilen Sie weniger.
- Lassen Sie die Schülerinnen und Schüler sich jeden Tag bewegen (Regelmäßigkeit).
- Erweitern Sie das Bewegungsangebot erst allmählich, wenn Sie sicher sind, dass die Schülerinnen und Schüler mit der neuen Situation auch umgehen können.
- Binden Sie Schülerinnen und Schüler bei der Entwicklung von neuen Ideen bezüglich Bewegung im Unterricht mit ein, lernen Sie mit. Übergeben Sie die Rolle des Spielleiters auch den Schülerinnen und Schülern.
- Achten Sie darauf, dass Ihre Angebote altersgemäß ausgestaltet sind. Jüngere Schülerinnen und Schüler gehen auf im Spiel, ältere sind für Erklärungen über Sinn und Zweck motorischer Bewegung empfänglich.
- Achten Sie bei allen Maßnahmen darauf, dass vereinbarte Regeln konsequent eingehalten werden!
- Erteilen Sie bewegte Hausaufgaben (auch in Sport sind Hausaufgaben möglich!).
- Richten Sie einen „Teppichbereich" im Schulzimmer ein, wo die Kinder auf dem Boden arbeiten können.
- Machen Sie Kinder und Eltern auf außerunterrichtliche Bewegungsangebote aufmerksam.

Literaturverzeichnis

- Aregger, K. (1994) Didaktische Prinzipien. Verlag Sauerländer, Aarau.
- Ayres, J. (1998) Bausteine kindlicher Entwicklung. Springer Verlag, Berlin.
- Baumberger, J. / Müller, U. (2004) Bewegungspausen. bmsportverlag.ch, Horgen.
- Beigel, D. (2005) Beweg dich, Schule! Eine Prise Bewegung im täglichen Unterricht der Klassen 1 bis 10. Borgmann Media, Dortmund.
- Breithecker, D. (2002) Bewegte Schüler – Bewegte Köpfe. Unterricht in Bewegung. Chance einer Förderung der Lern- und Leistungsfähigkeit. Bundesarbeitsgemeinschaft für Haltungs- und Bewegungsförderung e. V. Wiesbaden.
- Bucher, W. (Hrsg.) (2000) Bewegtes Lernen. Band 1–3. Hofmann-Verlag, Schorndorf.
- Eckert, R. (1988) Psychomotorische Förderung sprachentwicklungsgestörter Kinder: Die Förderung von Entwicklung und Kommunikation. Bewegung und Sprache. Irmischer, T. I., Irmischer, Hofmann, Schorndorf.
- Etnier, J. et al. (1997) A Meta-Analysis. The Influence of physical activity and exercise upon cognitive functions. Journal of Sport and Exercise Psychology 1997.
- Jörin R. und Schluep Campo I. (Nov. 2005) Maßnahmen gegen Übergewicht in verschiedenen Ländern: Literaturstudie zur Wirksamkeit staatlicher Interventionen. Institut für Agrarwirtschaft (IAW), Sonneggstrasse 33, 8092 Zürich.
- Hessisches Sozialministerium, Hessisches Kultusministerium (2005) Entwurf Bildungs- und Erziehungsplan für Kinder von 0 bis 10 Jahren in Hessen. http://www.sozialministerium.hessen.de/global/show_document.asp?id=aaaaaaaaaaaayus (9.10.05).
- Hollmann, W. / Löllgen, H. (2003) Bedeutung körperlicher Aktivität für kardiale und zerebrale Funktionen. Deutsches Ärzteblatt 99 (20).
- Hollmann, W. / Strüder, H. K. (1996) Exercise, Physical Activity, Nutrition and the Brain. Nutrition Reviews 54 (4).
- Kottmann, L.; Küpper, D.; Pack, R. P. (2005) Bewegungsfreudige Schule. Schulentwicklung bewegt gestalten – Grundlagen, Anregungen, Hilfen. Bertelsmann Stiftung, Barmer und Gemeindeunfallversicherungsverband (GUVV), Westfalen-Lippe.
- Osteoswiss (2005) Osteoporose geht uns alle an. http://www.osteoswiss.ch/pdf/osteo_1d.pdf (5.10.07).
- Pühse, U. / Müller, C. (2005) Bewegung und Lernen, Bewegung und Hirnleistungsfähigkeit (Bericht über den Stand wissenschaftlicher Erkenntnisse und deren Bedeutung für die tägliche Bewegungsstunde von Kindern). Institut für Sport und Sportwissenschaften Universität Basel.
- Reinhardt B., Höfling S. (1992) Rückenschule für Kinder – eine Lobby für den Schülerrücken. In Haltung und Bewegung 2, S. 49–53.
- Swiss Society for public health (2007) Ernährungsziele Schweiz – Eine Dokumentation der Fachgruppe Ernährung von Public Health Schweiz. http://www.sapsplus.ch/Ern%E4hrungsziele%20Schweiz_Version%20M%E4rz%202007.pdf (2.10.07).
- Universitätsklinikum Heidelberg: http://www.klinikum.uniheidelberg.de (10.1.06).
- Zahner L., Pühse U., Stüssi C., Schmid J., Dössegger A. (2004) Aktive Kindheit – gesund durchs Leben. Bundesamt für Sport Magglingen (BASPO); ISSW Universität Basel; Stiftung für Schadenbekämpfung der Winterthur Versicherungen. www.aktive-kindheit.ch.
- Zimmer R. (2006) Eltern fördern ihre Kinder – Mach einfach mit Bewegungsförderung. Klett Lernen und Wissen GmbH, Stuttgart und Velber Verlag, Freiburg.
- Zimmermann M., Gübeli C., Püntener C, and Molinari L. (2004) Overweight and obesity in 6–12 year old children in Switzerland. Swiss Medical Weekly, 134: p. 525.

Zum Einsatz der Materialien

Die praktischen Übungen sind immer nach dem gleichen Muster aufgebaut. Sie sollen ohne lange Vorbereitung, situativ und ohne großen Aufwand eingesetzt werden können.

Die Aufgaben sind grundsätzlich **vier Bereichen** zugeordnet (jeweils in der Kopfzeile genannt), wobei die Grenzen fließend sind: Entspannung, Konzentration, Anregung und Geschicklichkeit.

Die **Sozialformen** werden ebenfalls in der Kopfzeile genannt: Einzelarbeit, Partnerarbeit, Gruppenarbeit, Ganze Klasse.

Die **Ziele** sind knapp formuliert und beziehen sich direkt auf die praktische Umsetzung.

Die Übungen können meistens in allen **Fächern** durchgeführt werden.

Unter dem Stichwort **Voraussetzung** werden hin und wieder räumliche oder inhaltliche Bedingungen genannt. Meistens geht es darum, im Klassenzimmer genügend Platz zu schaffen.

Die benötigte **Zeit** bewegt sich zwischen drei und zehn Minuten pro Übung.

Nur in wenigen Fällen wird spezielles **Material** benötigt; meistens kommen die Übungen ohne Hilfsmittel aus.

Unter dem Stichwort **Vorbereitung** ist aufgelistet, was vor Spielbeginn beachtet werden sollte.

Die konkrete **Durchführung** der Übungen erlaubt unterschiedliche Interpretationen. Die Leitung muss nicht in jedem Fall von der Lehrkraft übernommen werden; auch Schülerinnen und Schüler können je nach Aufgabe die Spielleitung übernehmen.

Unter dem Stichwort **Besonderes** werden meistens Varianten und weitere Ideen aufgelistet.

Zusätzliche **Tipps** weisen auf konkrete Umsetzungshilfen hin.

> Die **Tabelle auf Seite 72** gibt einen Überblick über alle Übungen dieses Bandes. Vergrößert auf Format A3 eignet sie sich zum Aufhängen und zur raschen Orientierung im Moment des Einsatzes.

ENTSPANNUNG

1 – Am Meeresstrand

Ganze Klasse / Einzelarbeit

Ziel:	Auflockerung, Entspannung und innere Ruhe finden
Fach:	Alle Fächer
Voraussetzung:	Genügend Platz
Zeit:	5 Minuten
Material:	CD mit Entspannungsmusik, Fantasiegeschichte (s. u.)
Vorbereitung:	Die Kinder sollen sich individuell so im Schulzimmer platzieren, dass sie sich möglichst wohl fühlen und einander nicht stören. Sie sollen die Augen geschlossen halten und ruhig sein.
Durchführung:	Im Hintergrund läuft Entspannungsmusik. Die Lehrperson erzählt bzw. liest die Fantasiegeschichte mit Pausen (…).

In dieser Fantasiereise möchte ich dich zu einem wunderschönen Meeresstrand begleiten, an dem du dich einfach hinlegen und entspannen kannst … Stelle dir vor, du gehst am Meeresstrand spazieren … Ein wunderschöner Tag … blauer Himmel … glitzerndes Wasser … ein leichter Wind wirbelt durch den Sand … die Sonne wärmt deine Haut … Du legst dich entspannt hin … und hörst das Rauschen der Wellen … riechst das Salz des Wassers … spürst den sanften Wind in deinen Haaren … Der Tag geht langsam vorbei, die Sonne versinkt langsam am Horizont … tiefer … immer tiefer … ein prächtiges rot-oranges Farbenspiel … Du bist ruhig … zufrieden … glücklich … Nun kommst du langsam … in deinem Tempo … wieder hierher zurück … Du bewegst deine Finger … atmest etwas tiefer ein und aus … Du dehnst und räkelst dich … und öffnest deine Augen … Du fühlst dich erfrischt und ausgeruht, als wärst du gerade von langen Ferien nach Hause zurückgekommen.

Besonderes:	Falls einzelne Kinder sich nicht ruhig verhalten können oder solche Übungen als nicht sinnvoll empfinden, sollen sie nicht dazu gezwungen werden; sie sollen während der Fantasiereise und ähnlichen Übungen das Klassenzimmer kurz verlassen. Einfache Übungen können als Vorbereitung dienen (z. B. schweigend die Augen 20 Sekunden geschlossen halten).
Tipp:	Auf absoluter Ruhe beharren.

ENTSPANNUNG

2 – Baum

Ganze Klasse / Einzelarbeit

Ziel:	Sich selbst zentrieren, Ruhe finden und einen gefühlsmäßigen Bezug zum Thema Baum / Wald schaffen
Fach:	Alle Fächer, Sachunterricht
Voraussetzung:	Genügend Platz für die Durchführung (z. B. Aula, Turnhalle)
Zeit:	5 bis 10 Minuten
Material:	CD mit ruhiger Musik oder Geräuschen (z. B. Geräusche des Waldes)
Vorbereitung:	leichte Grätschstellung, die Arme hängen lassen
Durchführung:	a) Wir atmen tief ein und schließen die Augen. b) Wir stellen uns vor, wir seien ein Baum. c) Wir bewegen den Körper langsam nach links, dann nach rechts, nach vorne und zuletzt nach hinten, bis zum äußersten Punkt, bevor wir das Gleichgewicht verlieren. Dabei bleiben die Füße immer fest am Boden. d) Wir finden unsere Mitte und stehen gerade. e) Wir stellen uns vor, unsere Zehen sind die Wurzeln. Die Wurzeln greifen tief in den Boden und halten den Baum. Wir saugen durch die Wurzeln Wasser, Nahrung und Energie aus der Erde, wir spüren die Kraft, die aus der Erde kommt. f) Das Sonnenlicht scheint auf das Blätterdach, wir spüren die Energie der Sonne. g) Wir strecken die Arme wie Äste langsam in die Höhe und ballen die Hände zu Fäusten. Langsam öffnen wir die Hände wie Knospen. h) Wir bewegen uns sanft im Wind hin und her. Der Wind lässt nach, wir stehen ruhig und senken die Arme. i) Wir machen einen tiefen Atemzug und öffnen die Augen.
Besonderes:	Diese Übung über mehrere Teilschritte aufbauen. Eine ruhige Stimme der Lehrperson überträgt sich auf die Kinder.
Tipp:	Zunächst eine bewusste und ruhige Atmung schulen.

ENTSPANNUNG

3 – Das wechselhafte Wetter

Partnerarbeit

Ziel:	Auflockerung, Entspannung, Ruhe finden, Konzentration
Fach:	Alle Fächer
Zeit:	5 bis 10 Minuten
Material:	Keines
Vorbereitung:	Die Kinder verteilen sich in Zweiergruppen so im Klassenzimmer, dass alle genügend Platz haben.
Durchführung:	Das eine Kind legt sich bäuchlings auf den Boden, das andere Kind kniet daneben.
	Die Lehrperson nennt verschiedene Wettersituationen (leichter Regen, starker Regen, Hagel, Schneefall, Gewitter mit Blitz und Donner, Sturm, Sonnenschein …)
	Das kniende Kind versucht, diese Situationen auf dem Rücken des liegenden Kindes darzustellen. Dabei sind der Fantasie keine Grenzen gesetzt.
	Nach einiger Zeit werden die Rollen der Schülerinnen und Schüler getauscht.

Besonderes:	Die Konzentration kann durch leise und beruhigende Musik unterstützt werden.
Tipps:	Bei Konzentrationsmangel sollte das liegende Kind die Augen schließen. Während der Durchführung darf nicht gesprochen werden.

ENTSPANNUNG

4 – Der unsichtbare Bleistift

Ganze Klasse / Einzelarbeit

Ziel:	Entspannung von Nacken und Kopf, Abbau von allfälligem Stress, Energie auftanken
Fach:	Alle Fächer, Deutsch
Voraussetzung:	Die Kinder kennen die Buchstaben des Alphabets.
Zeit:	2 bis 5 Minuten
Material:	Keines
Durchführung:	Um die Verspannung des Nacken- und Kopfbereiches zu lösen, schreiben wir ohne Papier und Stift mit der Nase in die Luft. Zuerst machen wir einen Kreis, dann ein Rechteck, eine lange Linie von rechts nach links oder von oben nach unten.
	Wir versuchen, unseren Namen und weitere Wörter zu schreiben.

Besonderes:	Da die Kinder während des Unterrichts oft sitzen müssen, brauchen sie immer wieder Entspannung. Es wird empfohlen, diese Übung täglich zu wiederholen.
	Diese Übung kann auch in Partnerarbeit ausgeführt werden: Das zweite Kind versucht, hinter dem „schreibenden" Kind stehend, das Geschriebene zu lesen.
Tipp:	Kinder, die sich schnell ablenken lassen, sollen beim „Schreiben" die Augen schließen.

ENTSPANNUNG

5 – Gartenmassage

Partnerarbeit

Ziel:	Entspannung und Beruhigung
Fach:	Alle Fächer
Zeit:	5 bis 10 Minuten
Material:	Keines
Vorbereitung:	Wir bilden einen Kreis: Die Hälfte der Kinder setzt sich auf den Boden, die anderen Kinder setzen sich jeweils auf einen Stuhl hinter einem am Boden sitzenden Kind. Wenn es von der Anzahl Kinder her möglich ist, setzt sich ein Kind vor die Lehrperson, damit sie die Bewegungen auf dem Rücken dieses Kindes vorzeigen kann.
	Hinweise: Sorgfältige und sanfte Bewegungen machen, nicht schlagen, keine Schmerzen zufügen, schweigend arbeiten, evtl. die Augen schließen.
Durchführung:	Die Lehrperson erzählt die Garten-Geschichte und zeigt gleichzeitig die entsprechenden Bewegungen.
	Wir gehen in den Garten und rechen zuerst das Blumenbeet (mit den Fingern über den Rücken streichen). *Wir rechen von oben nach unten und von links nach rechts. Dann pflanzen wir die Samen in den vorbereiteten Boden* (mit zwei Fingern die Samen sanft in den Rücken drehen). *Jetzt müssen wir natürlich die Erde schön über den Samen verteilen* (mit den Händen über den Rücken streichen). *Plötzlich fängt es an zu regnen* (mit den Fingern die Regentropfen auf den Rücken prasseln lassen). *Als dann die Sonne wiederkommt* (erneut mit den Fingern über den Rücken streichen), *wird es ganz warm und die Blumen fangen an zu wachsen* (mit den Händen die Blumen aus dem Boden ziehen). *Wir möchten einen Blumenstrauß pflücken: Also schneiden wir ein paar Blumen ab* (mit zwei Fingern auf dem Rücken schneiden).
	Anschließend Rollenwechsel
Besonderes:	Die Übung eignet sich besonders nach einer aktiven, bewegten Unterrichtssequenz oder nach der Pause; sie bewirkt eine Beruhigung.
Tipp:	Die Kinder sorgfältig an Berührungen durch eine andere Person heranführen.

ENTSPANNUNG UND KONZENTRATION

6 – Es fliegt ein Vogel allein

Ganze Klasse / Einzelarbeit

Ziel:	Beruhigung sowie Förderung von Konzentration und Aufmerksamkeit
Fach:	Alle Fächer
Zeit:	5 Minuten
Material:	Keines
Vorbereitung:	Die Kinder sitzen an ihren Plätzen. Sie rücken den Stuhl zurück (Bewegungsfreiheit). Variante: Stehend.
Durchführung:	*1. Es fliegt ein Vogel ganz allein.* (mit einer Hand einen großen Kreis „fliegen")
	2. Schau, jetzt fliegen zwei! (mit beiden Händen einen großen Kreis „fliegen")
	3. Sie fliegen hoch, sie fliegen nieder. (mit den Händen in die Höhe und in die Tiefe „fliegen")
	4. Sie fliegen fort und kommen wieder. (Hände waagrecht von sich weg- und wieder zurückbewegen)
	5. Sie picken Körner, eins, zwei, drei. (mit beiden Zeigefingern auf die Schenkel klopfen)
	6. Sie fliegen fort und kommen heim. (Arme ausbreiten und anschließend verschränken)

Besonderes:	Die Bewegungen können klein vor dem Körper ausgeführt werden, in einer großzügigeren Variante nehmen wir den nahen Raum um uns ein oder aber wir lassen den Vogel weiter fliegen und kommen in die Fortbewegung; der Sprech-Rhythmus bleibt unverändert. Kennen die Kinder die Bewegungsfolge mit dem dazugehörigen rhythmischen Text, kann auch nur die Bewegung gezeigt werden; die Kinder setzen dann ein und fahren fort.
Tipp:	Die Übungen sollten zuerst einzeln vorgestellt werden.

ENTSPANNUNG

7 – Kleine weiße Wolke

Ganze Klasse / Einzelarbeit

Ziel:	Förderung von Ruhe und Entspannung
Fach:	Alle Fächer
Zeit:	5 bis 10 Minuten
Material:	CD mit Entspannungsmusik
Vorbereitung:	Die Kinder legen oder setzen sich hin und schließen die Augen.
Durchführung:	Im Hintergrund läuft Entspannungsmusik. Die Lehrperson erzählt bzw. liest die Fantasiegeschichte mit Pausen (…).

Stell dir vor, dass du auf dem Rücken im Sand liegst, an einem schönen, blauen See … Es ist ein herrlich warmer Sommertag … Du atmest tief die frische Luft ein … spürst die Wärme der Sonnenstrahlen auf deiner Haut … und hörst das Rauschen der Wellen vom nahen Strand … Stell dir vor, dass du den wunderbar klaren, blauen Himmel betrachtest … den herrlich blauen, wolkenfreien Himmel … Du genießt ganz einfach diesen klaren, blauen Himmel … Du fühlst dich entspannt, ruhig und bist zufrieden mit dir … Während du so daliegst, bemerkst du weit hinten am Horizont eine kleine weiße Wolke … Du bist fasziniert von der Schönheit dieser kleinen weißen Wolke … Du siehst jetzt, wie die kleine weiße Wolke ganz langsam näherrückt … Du liegst vollkommen entspannt da, fühlst dich rundum wohl und genießt den Farbkontrast dieser weißen Wolke vor dem tief-blauen Himmel … Langsam nähert sich die Wolke und bleibt schließlich genau über dir stehen … Völlig gelöst und ruhig genießt du diesen Anblick … Du bist tief entspannt und ganz mit dir selbst im Einklang … Jetzt bemerkst du, wie sich die kleine weiße Wolke langsam senkt und zu dir herabschwebt … Sanft schiebt sie sich unter dich … Du fühlst dich wie in einem weichen, flauschigen Bett und lässt dich ganz langsam von ihr emporheben … Auf der Wolke schwebst du gegen den Himmel hinauf … Langsam trägt sie dich fort, und du machst mit ihr eine kleine Reise … siehst Berge, Täler, Felder, Wälder … lass dir Zeit und genieße deine Wolkenfahrt … LANGE PAUSE … Du näherst dich jetzt langsam wieder dem See, entdeckst den Strand, an dem du gelegen hast … Die Wolke schwebt behutsam tiefer und legt dich ganz sachte wieder auf den Strand … Bewege jetzt deine Füße … balle die Hände zu Fäusten … räkle dich und öffne deine Augen.

Tipps:	Auf absoluter Ruhe beharren. Anschließend Feedback-Runde durchführen. Nachhaltige Eindrücke zeichnerisch festhalten.

ENTSPANNUNG

8 – Luftballon

Ganze Klasse / Einzelarbeit

Ziel:	Entspannung durch Bewegung und Dehnung des Körpers
Fach:	Alle Fächer
Voraussetzung:	Genügend Platz (Jedes Kind soll die Arme ausstrecken können, ohne dass jemand/etwas berührt wird.)
Zeit:	5 Minuten
Material:	Keines
Vorbereitung:	Die Kinder stellen sich in gebückter Kauerhaltung auf.
Durchführung:	Wir stellen uns vor:

Ich bin ein Luftballon, der langsam aufgeblasen wird.
(aus zusammengekauerter Haltung langsam aufstehen)

Mit jedem Atemzug wird der Ballon größer und größer,
(langsam die Hände ausbreiten und auch die Füße strecken)

bis er endlich mit einem lauten Knall platzt.
(hinfallen und am Boden liegen bleiben).

Das Platzen des Ballons kann durch ein passendes Geräusch verdeutlicht werden.

Tipps: Ausgangslage soll eine ruhige Atmosphäre sein.
Den Prozess mehrmals wiederholen.
Die Lehrperson kann langsam einen Ballon aufblasen, während die Kinder den Prozess in Bewegung umsetzen.

ENTSPANNUNG

9 – Die Moldau

Ganze Klasse / Einzelarbeit

Ziel:	Entspannung und Ruhe finden, störende Gedanken loslassen können, Konzentration auf die Bewegung
Fach:	Alle Fächer, Kunst
Zeit:	10 Minuten
Material:	CD „Die Moldau" von Bedřich Smetana, Papier, Farbstifte oder Wasserfarben
Vorbereitung:	CD-Booklet lesen
Durchführung:	Jedes Kind richtet sich mit Papier und Farbe irgendwo im Klassenzimmer so ein, dass es ihm wohl ist. Die Lehrperson gibt eine kurze Einleitung zur Musik (Informationen aus dem CD-Booklet). Während dem Abspielen der Musik zeichnen die Kinder ohne weitere Vorgaben für sich den Verlauf der Moldau.

Stationen:

Zwei Quellen: *Die warme und die kalte Quelle, schnelle Sechzehntel (Flöte und Klarinette)*

Moldauthema: *Beschreibung des Fließens, lang gezogene Melodie (Streicher)*

Wald und Jagd: *Jagdmelodie (Hörner)*

Bauernhochzeit: *Polka, die typische Tanzmusik der Tschechen (Volksmusik)*

Nymphenreigen im Mondschein: *Elfen und Feen, Abenddämmerung (Streicher und Harfe)*

Stromschnellen: *Erneut Moldauthema, aber schnell, reißend, gefährlich (Tschinellen, Rhythmusinstrumente, Orchester)*

Königsstadt Prag: *festlich (Bläser)*

Mündung in die Elbe: *langsamer werdende Wellen, die ineinanderlaufen (Streicher und Orchester)*

Besonderes:	Varianten:

Die Stationen in verschiedenen Gruppen malen und später als Bildergeschichte zusammenfügen.

Den Verlauf der Moldau mit Bewegungen darstellen und so die Musik interpretieren.

ENTSPANNUNG

10 – Wolkenkutschen

Ganze Klasse / Einzelarbeit / Partnerarbeit

Ziel:	Entspannung, Ruhe finden, Konzentration auf sich selbst
Fach:	Alle Fächer
Zeit:	5 Minuten
Material:	Keines
Vorbereitung:	Die Kinder legen oder setzen sich bequem hin und schließen die Augen.
Durchführung:	Die Lehrperson liest den Text mit Pausen (…):

Ihr sitzt (oder liegt) bequem da … Die Augen sind geschlossen … Ihr seid schwer, entspannt und ruhig … Ihr könnt heute eine Reise zu den Wolken machen … Ihr schwebt ganz sanft und ruhig zu den schönen weißen Wolken … Für jeden von euch steht eine Wolkenkutsche bereit …

Du siehst deine eigene Kutsche … Sie sieht genau so aus, wie du dir sie vorstellst … Du betrachtest deine Kutsche … Du siehst die Wolkenpferde, die die Kutsche ziehen … Du steigst ein … Die Kutsche fährt … Die Wolkenpferde schweben … Du hast genügend Zeit, die Reise zu genießen … Achte auf alles, was zu sehen und zu hören ist … Was empfindest du auf deiner Reise? …

Die Kutsche wird langsamer … Du bringst sie zum Stehen … Du steigst aus und betrachtest deine Kutsche noch einmal … Nun verabschiedest du dich von den Wolkenpferden … Die Kutsche fährt sanft weg, und du kommst wieder langsam hierher zurück … Du bewegst deine Finger, … deine Arme, … deine Beine … Du öffnest deine Augen … Du bist wieder hellwach und munter.

Die Kinder finden sich nun zu Zweiergruppen und gehen gemeinsam eine gewisse Zeit ziellos im Schulzimmer umher, bis sie schließlich wieder an ihrem Platz sind. Sie erzählen sich gegenseitig von ihrer Kutsche und ihrer Reise.

Tipps:	Erst mit Erzählen beginnen, wenn Ruhe und Konzentration herrscht. Länge und Inhalt variieren.

KONZENTRATION

11 – Rückentelefon

Ganze Klasse / Gruppenarbeit

Ziel:	Beruhigung, Entspannung und Konzentration
Fach:	Alle Fächer
Voraussetzung:	Die Kinder kennen die Buchstaben des Alphabets.
Zeit:	5 bis 10 Minuten
Material:	Keines
Vorbereitung:	Die Kinder setzen sich hintereinander in einen Kreis.

Durchführung: Die Kinder schließen die Augen. Ein bestimmtes Kind zeichnet mit dem Finger einen Buchstaben auf den Rücken des vor ihm sitzenden Kindes. Dieses „schreibt" den gleichen Buchstaben auf den Rücken des nächsten Kindes usw. Wenn der Buchstabe zum Anfang zurückkommt, wird überprüft, ob er korrekt wieder angekommen ist bzw. an welchen Positionen er sich verändert hat.

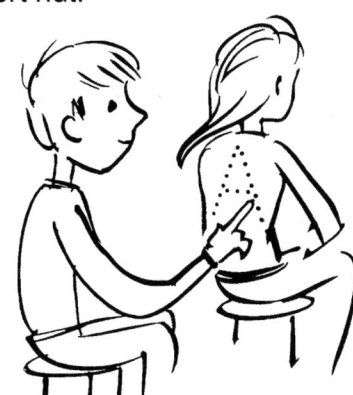

Besonderes: Mögliche Steigerungsformen: kurze Wörter, längere Wörter, kurze Sätze, bekannte Wörter einer Fremdsprache.
Mögliche Variante: Statt mit einem Finger mit der Faust „schreiben".

Tipp: Auf absolute Ruhe achten.

KONZENTRATION

12 – Mottenfangen

Gruppenarbeit

Ziel:	Steigerung von Wahrnehmung und Konzentration
Fach:	Alle Fächer
Voraussetzung:	Genügend Platz für mehrere Kreise
Zeit:	5 bis 10 Minuten
Material:	Keines
Vorbereitung:	Gruppenbildung (für den Kreis) und Erklären des Spielablaufes. Die Bewegungen müssen vorab besprochen werden. Es müssen Regeln vereinbart werden. Anschließend werden zwei Kinder als Motte und Fledermaus bestimmt.
Durchführung:	Die Kinder bilden stehend einen Kreis. Motte und Fledermaus stellen sich in die Mitte des Kreises. Der Fledermaus werden nun die Augen verbunden. Die anderen Kinder imitieren die Geräusche des Waldes (Bäume rauschen, Wind heult, Blätter rascheln, Eule krächzt …). Mit den Armen machen die Kinder seitliche Bewegungen und stellen so die Bäume dar. Die Motte geht im Kreis bzw. Wald umher und die Fledermaus (Kind mit den verbundenen Augen) muss die Motte ausfindig machen.
Besonderes:	Einfachere Variante: Die Motte gibt zusätzlich auch ein Geräusch von sich. Schwierigere Varianten: Die Fledermaus muss zwei Motten fangen. Die Motte darf sich auch am Boden bewegen (kriechen, ducken).
Tipps:	Vor dem Spiel sollten mögliche Bewegungen und Geräusche von Wald und Motte besprochen und vereinbart werden. Darauf achten, dass die Fledermaus nach der Motte tastet und sie nicht schlägt. Bei großen Klassen mehrere Kreise bilden.

ENTSPANNUNG UND KONZENTRATION

13 – Versteckspiel

Ganze Klasse / Einzelarbeit

Ziel:	Beruhigung sowie Förderung der Konzentration
Fach:	Alle Fächer
Zeit:	5 Minuten
Material:	Kleingegenstand zum Verstecken
Vorbereitung:	Die Lehrperson erklärt die Regeln: Wir suchen einen bestimmten Gegenstand (Gegenstand zeigen). Es darf nicht gesprochen werden, es darf nichts berührt werden, es darf nicht mit Händen oder Gesten etwas gezeigt werden.
Durchführung:	Die Kinder schließen die Augen. Die Lehrperson oder ein Kind „versteckt" den Gegenstand so, dass er sichtbar bleibt und man nichts anderes bewegen muss, um ihn zu sehen. Die Kinder öffnen die Augen; sie bewegen sich frei im Zimmer und suchen. Wer den Gegenstand gesichtet hat, setzt sich an seinen Platz. Das Spiel geht so lange, bis alle Kinder den Gegenstand gesichtet haben.

Besonderes:	Wenn ein Kind am Schluss den Gegenstand lange nicht findet, können die anderen Kinder notfalls mit dem Begriffspaar „heiß" und „kalt" helfen.
Tipps:	Je kleiner die Kinder, desto größer der Gegenstand. Auf absolute Ruhe achten. Wer spricht oder den Standort des Gegenstandes verrät, scheidet aus.

KONZENTRATION

14 – Machs nach!

Partnerarbeit

Ziel:	Abwechslung sowie Förderung von Wahrnehmung und Konzentration
Fach:	Alle Fächer
Voraussetzung:	Genügend Platz (Aula, Pausenplatz)
Zeit:	5 Minuten
Material:	Keines
Durchführung:	Die Kinder bilden Zweiergruppen. Das erste Kind schließt die Augen, während das zweite eine besondere, eigenartige Haltung einnimmt. (Es können auch Stühle und Tische mit einbezogen werden.) Nun schaut das erste Kind sehr genau hin und versucht, die gleiche Haltung einzunehmen. Anschließend Rollenwechsel.

Besonderes:	Variante: Das Prozedere inkl. Rollenwechsel kann auch stillschweigend durchgeführt werden.
Tipp:	Feedback-Runde im Anschluss an das Spiel: Was war einfacher, vorzeigen oder nachmachen?

KONZENTRATION

15 – Kugelspiel

Ganze Klasse

Ziel:	Kombination von Konzentration mit gleichzeitiger gezielter Bewegung
Fach:	Alle Fächer
Voraussetzung:	Genügend Platz
Zeit:	5 bis 10 Minuten
Material:	2 Kugeln oder Softbälle
Vorbereitung:	Die Kinder bilden am Boden sitzend einen Kreis.
Durchführung:	Das erste Kind rollt eine Kugel einem anderen Kind zu. Das zweite Kind rollt die Kugel einem weiteren Kind zu. Es dürfen nur solche Kinder angespielt werden, die noch nicht an der Reihe waren. Wenn alle Kinder die Kugel einmal erhalten haben, beginnt der Umgang erneut in derselben Reihenfolge: Alle Kinder müssen sich merken, wem sie die Kugel zurollen.
Besonderes:	Varianten: Beim ersten Durchlauf nennen die Kinder den Namen des folgenden Kindes. Wiederholung in umgekehrter Reihenfolge: erfordert ein Umdenken. Wiederholung mit geschlossenen Augen. Eine zweite Kugel ins Spiel bringen. Die zweite Kugel kann einen anderen Weg nehmen (Steigerung).
Tipps:	Mit Hilfe dieses Spiels können auch Zahlenreihen aus dem Einmaleins trainiert werden. Bei der Variante mit zwei Kugeln empfiehlt es sich, unterschiedliche Kugeln (Größe und Farbe) zu nehmen.

KONZENTRATION

16 – Knopf-Staffel

Ganze Klasse

Ziel:	Schulung der Feinmotorik, Förderung von Ruhe und Konzentration
Fach:	Alle Fächer
Zeit:	5 Minuten
Material:	Verschiedene Knöpfe und Münzen
Vorbereitung:	Die Kinder stehen oder sitzen in einem Kreis.
Durchführung:	Kind A legt sich einen Knopf bzw. eine Münze auf die Zeigefingerkuppe. Kind B drückt seine Fingerkuppe auf den Knopf. Nun drehen beide ihre Arme so, dass der Knopf auf die Fingerspitze von B zu liegen kommt. Auf diese Art wird der Knopf im Kreis weitergegeben.
	Ziel ist ein ganzer Umlauf, ohne dass die Münze zu Boden fällt.
Besonderes:	Varianten: – Mehrere gleiche Knöpfe bzw. Münzen verwenden. – Mehrere Knöpfe bzw. Münzen verschiedener Größen verwenden. – Mehrere Kreise bilden. – Geschwindigkeit steigern. – Alle Finger der Hand benutzen. – Bei großen Münzen zwei Finger verwenden. – Mit Musik: Geldstück im Rhythmus weitergeben (Vorstufe: Rhythmus auf einem Schlaginstrument angeben, eine Struktur aufbauen und die Kinder auf den rhythmischen Ablauf sensibilisieren).

Tipp:	Auf ruhige Atmosphäre achten.

KONZENTRATION

17 – Flüsterkreis

Ganze Klasse

Ziel:	Förderung von Ruhe und Konzentration
Fach:	Alle Fächer
Voraussetzung:	Genügend Platz
Zeit:	10 Minuten
Material:	Keines
Vorbereitung:	Platz schaffen für einen Kreis: Ziel: Am Schluss sitzen alle Kinder im Kreis am Boden.
Durchführung:	Die Lehrperson setzt sich auf den Boden, die Kinder bleiben vorerst an ihren Plätzen und schließen die Augen. Sobald Ruhe eingekehrt ist, flüstert die Lehrperson den Namen eines Kindes. Das genannte Kind öffnet die Augen, steht auf und begibt sich in den Kreis. Es setzt sich ruhig neben die Lehrperson, gibt ihr die Hand und flüstert, die Augen wieder geschlossen, den Namen eines weiteren Kindes. Dieses Vorgehen wiederholt sich so lange, bis die ganze Klasse im Kreis sitzt. Als Abschluss atmen alle ruhig und tief. Auf ein Zeichen der Lehrperson (Klingel, vereinbartes Wort o. Ä.) werden zunächst die Hände gelöst und dann die Augen geöffnet. Ruhig begeben sich die Kinder an ihre Plätze zurück.
Besonderes:	Es ist wichtig, dass dieses Spiel ohne Stühle durchgeführt wird, damit keine unnötigen Geräusche auftreten. Ein Sitzkissen kann zum Komfort beitragen. Vorausgesetzt ist absolute Ruhe, da die Namen ausschließlich geflüstert werden sollen.
Tipps:	Vor Beginn der Übung die Fenster schließen. Unruhige Kinder möglichst zu Beginn der Runde aufrufen.

KONZENTRATION

18 – Klopf-Gespenster

Ganze Klasse

Ziel:	Schulung von Wahrnehmung und Konzentration
Fach:	Alle Fächer
Zeit:	10 Minuten
Material:	Augenbinde, Zeichenstifte
Vorbereitung:	Die Kinder bilden am Boden sitzend einen Kreis. Ein bestimmtes Kind sitzt mit verbundenen Augen in der Mitte.
Durchführung:	Die Lehrperson gibt einem Kind ein Zeichen. Darauf schlägt dieses seine Stifte mehrmals aneinander. Das Kind in der Mitte lauscht, woher das Geräusch kommt, und deutet möglichst exakt in diese Richtung. Hat das Kind richtig gedeutet, kann es sich in den Kreis zurücksetzen. Ein anderes Kind kommt in die Mitte.

Besonderes:	Varianten:
	Geräusche verändern (Lautstärke oder anderes Instrument).
	Zwei Geräusche gleichzeitig aus verschiedenen Richtungen.
Tipps:	Regeln zur Toleranzgrenze festlegen: Wann wird eine Richtungsdeutung als richtig akzeptiert und von wann nicht mehr? Auf absolute Ruhe achten.

KONZENTRATION

19 – Menschen-Memory®

Ganze Klasse

Ziel:	Auflockerung des Unterrichts und Spaß, Förderung von Konzentration und der Motivation
Fach:	Alle Fächer
Voraussetzung:	Die Spielregeln des Memory®-Spiels sind bekannt.
Zeit:	5 Minuten
Material:	Keines
Durchführung:	Zwei Kinder sind die Spielenden; sie verlassen das Klassenzimmer. Die anderen Kinder entsprechen den Memory®-Karten: Jeweils zwei Kinder bilden ein Paar. Sie vereinbaren ein gemeinsames Zeichen (z. B. mit dem Kopf wackeln, einmal hochhüpfen, eine Drehung um die eigene Achse, einmal in die Hände klatschen usw.). Um Doppelspurigkeiten zu vermeiden, müssen die Zeichen im Plenum vorgestellt werden. Die Kinder bilden nun auf den Stühlen sitzend einen Kreis. Die beiden Spielenden werden hereingerufen.
	Der eine Spieler beginnt. Er geht auf ein Kind zu, berührt es am Kopf (entspricht dem Aufdecken der Karte) und das Kind macht nun sein Zeichen. Nun darf der Spieler noch eine zweite „Karte" aufdecken. Macht diese das gleiche Zeichen, hat er ein Paar gefunden; die betreffenden Kinder stehen auf den Stuhl. Hat der Spieler kein Paar aufgedeckt, ist der andere Spieler am Zug. Das Spiel geht solange weiter, bis keine Memory®-Menschen mehr sitzen. Gewonnen hat derjenige Spieler, der mehr Paare aufgedeckt hat.
Besonderes:	Schwierigere (auch abwechslungsreichere) Variante: Die Memory®-Menschen bewegen sich im Raum. Die Spielenden können sich nicht mehr am Standort orientieren, sondern müssen sich Personen und Zeichen allein einprägen.
Tipp:	Darauf achten, dass sich die Memory®-Menschen stets exakt an ihre selbst vorgegebenen Zeichen halten.

ANREGUNG

20 – Eine Regengeschichte

Partnerarbeit

Ziel:	Aktivierung von Körper und Geist sowie gefühlvolle Arbeit im Team
Fach:	Alle Fächer
Zeit:	5 bis 10 Minuten
Material:	Keines
Vorbereitung:	Die Kinder bilden Zweiergruppen und stellen sich paarweise hintereinander auf.
Durchführung:	Die Lehrperson erzählt bzw. liest mit Pausen (…) vor. Das hintere Kind klopft dem vorderen die Bewegungen so auf den Rücken, wie es diese in der Geschichte wahrnimmt.

Es beginnt, ganz fein zu regnen, die ersten Regentropfen fallen auf den Kopf … auf den Nacken … auf den Hals (mit allen zehn Fingerspitzen fein den Kopf, den Nacken, den Hals abklopfen). *Der Regen wird stärker, die Regentropfen fallen schneller und fester auf den Hals und den Nacken* (schnelleres und etwas stärkeres Fingerspitzentrommeln).
Der Regen erreicht die Schultern … den Rücken … die Arme (schnelles und festes Abklopfen mit den Fingerspitzen).
Der Regen wird noch stärker und die Regentropfen fallen noch schneller und noch fester auf den Rücken … die Schultern … die Arme (Rücken, Schultern und Arme werden nun mit den Handflächen abgeklopft).

Der Regen hat seinen Höhepunkt erreicht, es regnet fortwährend und stark (starkes, aber für den Partner noch angenehmes Abklopfen mit den Handflächen). *Der Regen lässt nun langsam nach* (feineres Abklopfen des Rückens, der Schultern, der Arme, aber immer noch mit den Handflächen). *Er wird immer schwächer und fällt nur noch auf den Rücken* (mit den Fingerspitzen den Rücken abklopfen).
Er wird noch schwächer und berührt nur noch den Hals … den Nacken … den Kopf (feines Abklopfen des Halses, des Nackens und des Kopfes mit den Fingerspitzen).

Der Regen hat aufgehört und wir streifen uns das Wasser vom Körper ab (mit den Handflächen den Körper der Partnerin oder des Partners, vom Kopf bis zu den Füßen, abstreifen).

Anschließend Rollenwechsel vornehmen.

Tipp:	Mögliches Konfliktpotenzial der Zweiergruppen vorab überprüfen.

ANREGUNG

21 – Alle bewegen sich wie …

Gruppenarbeit / Einzelarbeit

Ziel:	Spaß, Aktivierung bei Lustlosigkeit sowie Ausdruckstraining
Fach:	Alle Fächer
Zeit:	10 Minuten
Material:	CD mit geeigneter Musik (fortlaufend ähnliche Lautstärke)
Vorbereitung:	Die Kinder verteilen sich im Raum.
Durchführung:	Zur Musik gehen, tanzen oder bewegen sich die Kinder frei, aber den Rhythmen entsprechend. Bei einem Musikstopp sagt die Spielleitung: „Alle bewegen sich wie ein …" Bis die Musik wieder einsetzt, sollen sich die Kinder dem Auftrag entsprechend bewegen. Dabei können auch spontan kleine Szenen aus dem Stegreif entstehen.

Beispiele:
Kunden kurz vor Ladenschluss, Gespenster, Flugzeuge, Betrunkene, vornehme Party-Gäste, Elefanten, Roboter

Besonderes:	Variante: Der Spielleiter wählt ein Kind aus und ruft: „Alle Stopp, nur …!". Die Kinder bleiben dann stehen und beobachten das einzelne Kind. Achtung: Es liegt nicht allen Kindern, sich bewegungsmäßig vor der ganzen Klasse zu exponieren.

ANREGUNG

22 – Brrrr-Täk

Ganze Klasse

Ziel:	Aktivierung von Körper und Geist, Förderung der Reaktionsfähigkeit
Fach:	Alle Fächer
Zeit:	5 Minuten
Material:	Keines
Vorbereitung:	Die Kinder bilden einen Kreis; sie stehen nahe beieinander.
Durchführung:	Das erste Kind beginnt: Es berührt mit den Daumen die Schläfen und bewegt die Finger, als ob es winken würde. Dabei sagt es: „Brrrr …". Die rechts und links von dem Kind stehenden Personen machen auf derjenigen Körperseite, die dem ersten Kind zugewandt ist, die gleichen Bewegungen und sagen dazu ebenfalls: „Brrrr …". Dies dauert so lange, bis das mittlere Kind das Brrrr weitergibt, das heißt, es zeigt unverhofft auf ein anderes Kind und sagt dazu: „Täk!". Ab sofort stoppen die drei Personen ihre Bewegungen und schweigen wieder. Das angesprochene wird nun zum neuen mittleren Kind; es hält beide Hände an die Schläfen, bewegt die Finger hin und her und sagt dazu: Brrrr …". Wiederum hat es Nachbarn links und rechts, die dasselbe einseitig tun müssen.

Das Spiel kann in verschiedenen Tempi und Variationen gespielt werden. Das Weitergeben an den unmittelbaren Nachbar macht das Spiel anspruchsvoll (Welle). |
| **Besonderes:** | Varianten:

Zu einem bestimmten Rhythmus spielen (Rhythmusinstrument schlagen).

Sich die Nachbarn zur Linken und Rechten einprägen; sich ab einem vereinbarten Zeitpunkt frei im Raum bewegen. Schwierigkeit: Es wird schwieriger zu bemerken, wann der Nachbar aktiv ist und wann man welche Hand zu benutzen hat.

Wer das Brrrr-Täk erhält, muss zuerst eine Bewegungsaufgabe lösen, bevor er es weitergeben kann (z. B. mit beiden Händen den Boden berühren und danach hochspringen). |

KONZENTRATION

23 – Raumgeräusche

Ganze Klasse / Einzelarbeit

Ziel: Schulung von Wahrnehmung und Konzentration

Fach: Musikunterricht

Zeit: 5 bis 10 Minuten

Material: Verschiedene Instrumente

Vorbereitung: Die Kinder bilden am Boden sitzend einen Kreis und schließen die Augen.

Durchführung: Die Lehrperson spielt auf einem Instrument eine sich wiederholende Tonabfolge bzw. einen Rhythmus. Sie ändert dabei fortwährend ihren Standort. Gleichzeitig zeigen die Kinder mit dem Finger auf die Lehrperson. Dazu müssen sie sich konzentrieren und gut zuhören.

Das Spiel kann auf bis zu vier Instrumente ausgebaut werden. Dazu macht man zwei Gruppen und bestimmt vier Kinder, die unterschiedliche Klänge erzeugen. Jede Gruppe hört auf zwei Kinder. Mit geschlossenen Augen verfolgen sie mit je einer Hand insgesamt zwei Geräuschquellen. Die Schwierigkeit dabei ist, dass man vier Geräusche hört und nur zwei mit der Hand verfolgen muss (serielle Wahrnehmung).

Besonderes: Spontan in jedem Klassenzimmer umsetzbar, viele Variations- und Steigerungsmöglichkeiten.

Tipp: Auf absolute Ruhe achten.

ANREGUNG

24 – Dschungel-Spaziergang

Ganze Klasse

Ziel:	Förderung von Wahrnehmung und Geschicklichkeit sowie gefühlvoller Umgang mit anderen
Fach:	Alle Fächer
Voraussetzung:	Genügend Platz für einen Kreis
Zeit:	5 bis 10 Minuten
Material:	Keines
Vorbereitung:	Die Kinder stellen sich im Kreis auf und zwar so, dass jedes Kind den Rücken des vor ihm stehenden Kindes sieht.
Durchführung:	Die Lehrperson erzählt: *„Auf einem Dschungel-Spaziergang entdecken wir verschiedene Tiere. Da vorne zum Beispiel ist ein Elefant …"*
	Jedes Kind zeichnet nun die Gangart des Tieres mit den Händen auf den Rücken des nächsten Kindes.
	Später erblicken die Kinder selbst neue Tiere.
Besonderes:	Variante als Arbeit zu zweit: Das eine Kind stellt ein Tier dar, das andere muss raten. Anschließend Rollentausch.
Tipps:	Einzelne Kinder müssen evtl. zuerst mit kleinen Spielformen auf solche Berührungen vorbereitet werden. Die Kinder sollen lernen, zuvorkommend miteinander umzugehen. Sie sollen auch ausdrücken lernen, wie sie selbst am liebsten am Rücken berührt werden.

ANREGUNG

25 – Elefanten putzen

Ganze Klasse / Einzelarbeit

Ziel:	Förderung von Vorstellungskraft, Ausdauer und Beweglichkeit
Fach:	Alle Fächer
Voraussetzung:	Genügend Platz
Zeit:	5 Minuten
Material:	Keines
Vorbereitung:	Die Kinder stehen verteilt im Raum. Die Lehrperson gibt die Einführung: *Auf einer Reise in Afrika haben wir eine Safari unternommen und sind auf Elefanten geritten. Jedes Kind besitzt einen Elefanten. Leider sind die Tiere jetzt völlig verschlammt und verdreckt. Wir müssen sie schrubben.*
Durchführung:	Ideenliste:

- Rücken (strecken, evtl. Leiter holen und hochsteigen)
- Rüssel (Seitwärtsbewegung)
- Bauch (bücken)
- Abspritzen mit Schlauch (Achter-Bewegungen mit den Armen)
- Ohren (die eigenen Ohren massieren)
- Zähne putzen mit riesiger Zahnbürste
- Beine schrubben
- die Nasenlöcher putzen

Zum Abschluss nehmen wir den Elefanten an die Kette und führen ihn an seinen Platz.

Besonderes:	Die Geschichte kann beliebig ausgebaut werden.
Tipps:	Die Kinder sollen sich während den Putzphasen gegenseitig beobachten; das fördert weitere Ideen.

ANREGUNG

26 – Händeturm

Gruppenarbeit

Ziel:	Auflockerung, Spaß und Bewegungskoordination
Fach:	Alle Fächer
Zeit:	5 Minuten
Material:	Keines
Vorbereitung:	Je 4 bis 5 Kinder bilden einen Kreis.
Durchführung:	Das erste Kind legt die rechte Hand auf den Tisch oder auf den Boden, Handfläche nach unten. Reihum legt nun jedes Kind seine rechte Hand auf die Hand des Vorgängers bzw. der Vorgängerin. Auf die gleiche Weise kommen auch alle linken Hände auf diesen Händeturm. Nun wird jeweils die zuunterst liegende Hand weggezogen und wieder oben auf den Turm gelegt.

Besonderes:	Varianten:
	Statt auf dem Boden oder auf dem Tisch: Die Hände in der Luft halten (siehe Illustration).
	Tempo steigern.
	Rhythmisch (z. B. als Liedbegleitung) unterstützen.
Tipps:	Mit kleinen Gruppen beginnen. Klare Regeln vorgeben (keine Kraftanwendung, keine Schläge).

ANREGUNG

27 – Morgenmuffel

Ganze Klasse

Ziel:	Lockerung von Bewegungsabläufen und Steigerung von Konzentrationsfähigkeit und Aufmerksamkeit
Fach:	Alle Fächer
Zeit:	5 Minuten
Material:	Wecker
Durchführung:	Die Lehrperson agiert als Sprecherin oder Sprecher und beschreibt das morgendliche Aufstehen. Die Kinder imitieren die beschriebenen Bewegungsabläufe pantomimisch.

Möglicher Ablauf:

- Die Kinder legen den Kopf aufs Pult und geben vor zu schlafen.
- Auf das Zeichen (z. B. Wecker) der Lehrperson „erwachen" sie und strecken Arme und Beine.
- Aufstehen und (verschlafener) Gang zum Bad.
- Dusche oder Gesichtswäsche.
- Kleider anziehen.
- Frühstück zubereiten und essen.
- Zähne putzen.
- Jacke und Schuhe anziehen, Schultasche ergreifen und aus dem Haus gehen.
- in die Schule rennen, Jacke ausziehen, aufhängen und im Schulzimmer an den Platz sitzen.

Besonderes:	Varianten: Ski fahren, einkaufen, kochen …
Tipps:	Die Funktion von Sprecherin bzw. Sprecher kann auch ein Kind übernehmen. Klare Regeln erleichtern den Ablauf.

ANREGUNG

28 – Schlangen unter sich

Ganze Klasse / Gruppenarbeit

Ziel:	Auflockerung, Bewegung und Förderung der nonverbalen Kommunikation
Fach:	Alle Fächer
Voraussetzung:	Genügend Platz
Zeit:	5 bis 10 Minuten
Material:	Tüchlein
Vorbereitung:	Die Kinder stellen sich in 4er-Gruppen (später 6er-Gruppen) auf und fassen sich jeweils an den Schultern. Jede Schlange ist blind, nur der Schwanz kann sehen, das heißt, das letzte Kind hält die Augen offen, alle anderen schließen die Augen.
Durchführung:	Die Gruppen vereinbaren einheitliche Richtungszeichen, die vom Schwanz her nach vorne übertragen werden müssen (z. B. Druck rechte Hand bedeutet nach rechts abbiegen, Druck linke Hand bedeutet nach links abbiegen, Druck mit beiden Händen bedeutet Stopp). Die Schlangen bewegen sich nun vorsichtig durch den Raum. Ziel: Kollisionen vermeiden.
	Steigerung: Nun müssen sich die Schlangen sich zu einem Schlangenkreis verbinden, wobei jeweils ein Kopf an einen Schwanz anschließt. Es darf nicht gesprochen werden. Auf ein vereinbartes Signal zerfällt der Kreis wieder in einzelne Schlangen.

Besonderes:	Das Spiel kann auch in Form eines kleinen Wettkampfs durchgeführt werden: Dem hintersten Kind jeder Schlange wird ein Tüchlein in den Nacken gesteckt, das zum größten Teil herausschaut. Der Kopf der Schlange versucht nun, dem Schwanz einer anderen Schlange das Tüchlein blind zu stehlen. Dazu muss die Schlange von hinten an die andere Schlange herangeführt werden. Das hinterste Kind darf sprechen, alle anderen bleiben stumm.
Tipps:	Auf einem Freiplatz (z. B. Pausenhof) beginnen; Spielfeld begrenzen. Später im Klassenzimmer mit Hindernissen.

ANREGUNG

29 – Im Zoo

Ganze Klasse

Ziel:	Abwechslung und Spaß sowie Förderung von Bewegungskoordination und Anpassung innerhalb der Gruppe
Fach:	Alle Fächer
Zeit:	5 bis 10 Minuten
Material:	Keines
Vorbereitung:	Dieses Spiel muss in mehreren Schritten eingeführt werden (jedes Tier einzeln üben).
	Die Kinder bilden einen Kreis, ein Kind in der Mitte (Chef/Chefin).
Durchführung:	Der Chef bzw. die Chefin zeigt auf ein Kind. Dieses Kind und die beiden Kinder rechts und links von ihm müssen gemeinsam ein bestimmtes Tier imitieren, sowohl mit Gesten als auch mit Geräuschen. Wer einen Fehler macht, muss die Chefrolle übernehmen.

Beispiele:

- Kuh: Das Kind in der Mitte steht auf allen Vieren, die Kinder links und rechts machen mit den Händen Melkbewegungen.
- Schweinchen: Das Kind in der Mitte bewegt das Hinterteil, die Kinder links und rechts grunzen.
- Adler: Das Kind in der Mitte imitiert mit den Armen den Schnabel, die Kinder links und rechts imitieren mit dem äußeren Arm je einen Flügel (Auf- und Abbewegungen).
- Affe: Das Kind in der Mitte macht affenartige Geräusche und verzieht das Gesicht, die Kinder links und rechts kratzen sich unter der Achsel.
- Murmeltier: Das Kind in der Mitte pfeift, die Kinder links und rechts fassen sich mit der inneren Hand ans Ohr und formen eine Muschel, um besser verstehen zu können.
- Elefant: Das Kind in der Mitte ahmt mit den Armen den Rüssel nach und trompetet, die Kinder links und rechts imitieren mit dem äußeren Arm große Ohren.

Besonderes: Variante:
Spiel nonverbal durchführen (evtl. mit Schriftkärtchen oder Bildern).

ANREGUNG

30 – Schnecke und Ameise

Ganze Klasse

Ziel:	Rhythmisierung durch Bewegung
Fach:	Alle Fächer
Voraussetzung:	Genügend Platz
Zeit:	5 Minuten
Material:	CD mit Musik (langsames und schnelles Tempo)
Vorbereitung:	Die Kinder bewegen sich zunächst wie Schnecken und dann wie Ameisen im Raum. Die Lehrperson regt durch die eigene Bewegung die Fantasie der Kinder an. Typische Bewegungsmuster werden an Beispielen besprochen und imitiert (Schnecken kriechen über den Boden, sind langsam, haben Fühler; Ameisen trippeln auf den Zehenspitzen, sind emsig und schnell).
Durchführung:	Vereinbarte akustische Zeichen lassen die Kinder erkennen, wann das Spiel beginnt und wann es aufhört.
	Zunächst beide Liedteile abspielen und zuordnen/benennen (langsam bzw. schnell).
	Erneutes Abspielen. Die Kinder bewegen sich nun pantomimisch zur Musik.
	In einem nächsten Schritt kann die Lehrperson verschiedene Anregungen geben (z. B. alle Schnecken bilden eine Reihe, alle Ameisen drehen sich im Kreis).

Besonderes:	Mit der Zeit kann dieses Spiel vollkommen ohne verbale Anleitungen auskommen. Es genügt, die Musik abzuspielen.

ANREGUNG

31 – Sprungfangen

Ganze Klasse

Ziel:	Bewegung, Auflockerung und Spaß
Fach:	Alle Fächer
Voraussetzung:	Genügend Platz, Turnhalle, Pausenhof
Zeit:	5 bis 10 Minuten
Material:	Schaumstoffwürfel
Vorbereitung:	Die Kinder bilden einen Kreis und geben sich die Hände.
Durchführung:	Die Kinder rufen gemeinsam „PI – NO – CCHI – O", worauf alle mit einem Sprung soweit wie möglich vom Kreis wegspringen und dort stehen bleiben.
	Nun beginnt ein bestimmtes Kind mit Fangen: Es versucht, mit einem Sprung ein anderes Kind zu berühren. Das angegriffene Kind darf einen Schritt zur Seite machen. Wird es trotzdem erwischt, scheidet es aus. Wird es nicht berührt, so ist es als nächstes dran mit Springen.
	Wer einen Schritt macht, ohne dass der Fänger oder die Fängerin zum Sprung ansetzt (den Sprung also nur vortäuscht), scheidet aus.
Besonderes:	Wer ausscheidet, würfelt mit einem großen Schaumstoffwürfel. Er muss anschließend so oft über eine Linie hüpfen, wie er Augen gewürfelt hat.
	Variante: Gleichzeitig zwei oder mehr Fängerinnen oder Fänger einsetzen.

ANREGUNG UND KONZENTRATION

32 – Bleistifttanz

Partnerarbeit

Ziel:	Gezielte Bewegungen und Schulung der Feinmotorik sowie Übung im partnerschaftlichen Verhalten
Fach:	Alle Fächer
Zeit:	5 Minuten
Material:	Keines
Vorbereitung:	Die Kinder verteilen sich in Zweiergruppen im Raum.
Durchführung:	Die Kinder stehen sich paarweise gegenüber. Sie strecken beide Zeigefinger nach vorne und klemmen je einen Farbstift dazwischen. Nun bewegen sie sich im Raum, ohne den Stift zu verlieren. Die Kinder versuchen, auch ausgefallene Positionen einzunehmen: in die Hocke gehen, sich strecken, sich setzen, sich drehen etc.

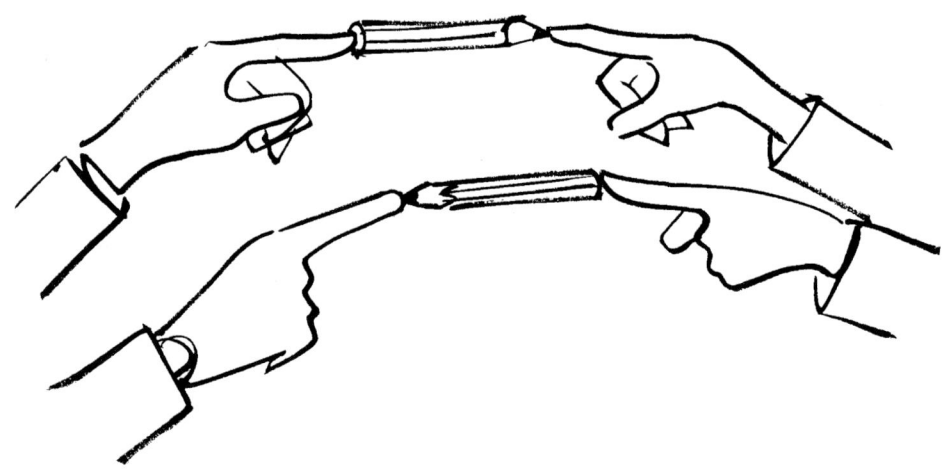

Besonderes:	Varianten:
	Durchführung mit Ringfinger bzw. kleinem Finger.
	Durchführung, ohne zu sprechen.
Tipp:	Je nach Aktivität Zusatzregeln bestimmen (z. B.: Alle müssen mindestens einmal mit dem Gesäß den Boden berühren, Bewegung in Zeitlupe etc.).

ANREGUNG, GESCHICKLICHKEIT UND KONZENTRATION

33 – Hände suchen

Ganze Klasse

Ziel:	Förderung von Raumerfahrung, Gruppenkontakt und Vertrauen
Fach:	Alle Fächer
Voraussetzung:	Genügend Platz
Zeit:	5 Minuten
Material:	Keines
Durchführung:	Die Klasse bildet stehend einen engen Kreis. Die Kinder legen nun auf Kopfhöhe ihre Handflächen an diejenigen der beiden benachbarten Kinder. Die Kinder schließen die Augen und zählen gemeinsam wiederholt auf vier.

Dazu führen sie folgende Bewegungen aus:
Bei 1: Hände herunternehmen, Drehung um sich selbst.
Bei 2: mit beiden Händen auf den Boden klatschen.
Bei 3: Hände über dem Kopf zusammenschlagen.
Bei 4: zu den Handflächen der beiden Nachbarn zurückfinden.

Besonderes:	Beginn langsam, Ablauf zunächst in Zweiergruppen üben.
Tipp:	Auf Ruhe achten.

ANREGUNG, GESCHICKLICHKEIT UND KONZENTRATION

34 – Empfindungswanderung

Ganze Klasse

Ziel:	Anregung taktiler und räumlich-kinästhetischer Sinne sowie Förderung von Konzentration und Vorstellungskraft
	Taktil: Auch wenn sich die Kinder nicht direkt auf den verschiedenen Böden befinden, lernen sie, die Berührung der Füße am Boden bewusst wahrzunehmen. Sie stellen sich beispielsweise das Gehen auf einem Waldboden vor, die Beschaffenheit des Bodens, den Ausgleich des Gleichgewichts während des Gehens.
	Räumlich-kinästhetisch: Die Kinder bewegen sich im Schulzimmer um die verschiedenen Möbel herum und an ihren Mitschülern vorbei. Dabei hören sie gleichzeitig auf die Erzählungen der Lehrperson und bewegen sich den Beschreibungen entsprechend. Diese Spielform erfordert ein hohes Maß an Konzentration.
Fach:	Alle Fächer
Voraussetzung:	Genügend Platz
Zeit:	5 bis 10 Minuten
Material:	Keines
Vorbereitung:	Die Kinder verteilen sich im Raum.
Durchführung:	Die Lehrperson (oder auch ein Kind) gibt Anleitungen zu einer Durchwanderung verschiedener Wege.
	Beispiele: *Du hüpfst über eine Blumenwiese und versuchst dabei, die Blumen nicht zu zertreten. Das Gras ist feucht und manche Gräser pieksen. Später watest du durch einen Bach etc.*
	Die Kinder bewegen sich den Beschreibungen entsprechend. Zu Beginn der Exkursion werden imaginär die Schuhe ausgezogen.
Besonderes:	Es gibt Kinder, die noch nicht die Möglichkeit hatten, alle diese Erfahrungen in der Natur wirklich zu machen. Gerade deshalb ist es sinnvoll, den Kindern Vorstellungen zu vermitteln, darüber zu reden und sie so näher an die Natur heranzuführen. Die Lehrperson sollte in der Lage sein, den Kindern die inneren Bilder möglichst differenziert zu vermitteln, d. h. sie sollte die Sinnes- und Wahrnehmungsübungen selbst gemacht haben.
Tipp:	So viele Regeln wie nötig, so wenige wie möglich (z. B. Berührungen im Vorbeigehen etc.).

ANREGUNG UND KONZENTRATION

35 – Jäger, Bären und Bienen

Ganze Klasse

Ziel:	Auflockerung und Spaß, Förderung von Aufnahmefähigkeit und Konzentration
Fach:	Alle Fächer
Voraussetzung:	Genügend Platz
Zeit:	5 bis 10 Minuten
Material:	Zettelchen mit Piktogrammen zur Gruppeneinteilung (Jäger, Bär und Biene)
Vorbereitung:	Die Klasse wird mittels der Piktogramme in drei gleich große Gruppen eingeteilt. Jede Gruppe erhält einen Laut zugeordnet: Die Jäger imitieren das Schießen mit „Päng, päng!", die Bären brummen und die Bienen summen.
Durchführung:	Die Kinder bewegen sich frei im Raum und geben ihren spezifischen Laut von sich. Wenn zwei Personen aufeinander treffen und sich anschauen, gelten jeweils folgende Regeln: Ein Jäger besiegt einen Bären, ein Bär besiegt eine Biene und eine Biene besiegt einen Jäger. Wer unterliegt, wechselt zur siegreichen Figur und übernimmt den entsprechenden Laut. Das Spiel ist beendet, wenn eine Gruppe allein übrig bleibt.

Besonderes:	Das Spiel lässt sich mit verschieden farbigen Spielbändern auch als Fangspiel in der Turnhalle oder auf dem Pausenhof spielen.

ANREGUNG UND ENTSPANNUNG

36 – Pizza backen

Partnerarbeit

Ziel:	Lockerung der angespannten Rückenmuskulatur und Schulung der Feinmotorik
Fach:	Alle Fächer
Voraussetzung:	Kenntnisse ähnlicher Spielformen, bei denen Körperkontakt eine Rolle spielt: Vertrauen als Basis. Mögliche Berührungsängste berücksichtigen.
Zeit:	10 Minuten
Material:	Keines
Vorbereitung:	Die Kinder sprechen sich paarweise ab und verteilen die beiden Rollen: Die Pizza stellt sich mit dem Rücken vor den Pizzabäcker.
Durchführung:	Die Lehrperson gibt nun die Anweisungen und erzählt den Ablauf, die Pizzabäcker-Kinder führen mit den Händen die Bewegungen auf dem Rücken (Pizza) aus:

Zunächst wird der Pizzateig gut geknetet.
(mit den Händen wird der Rücken durchgeknetet)

Dann wird der Teig mit Tomatensauce bestrichen.
(mit der Handfläche über den Rücken streichen)

Jetzt legen wir Schinken drauf,
(mit der Handfläche leicht auf den Rücken klopfen)

ein paar Scheiben Tomaten,
(etwas stärker drücken)

streuen etwas Käse drüber,
(mit den Fingerkuppen leicht den Rücken berühren)

dazu einige Mozzarellascheiben
(mit der Faust leicht auf den Rücken drücken)

… und zum Schluss streuen wir noch etwas Gewürz drüber.
(den Rücken kraulen)

Jetzt schieben wir die Pizza in den Ofen.
(in gebückter Haltung nach vorne schieben)

Besonderes:	Varianten: Thema und Ablauf verändern bzw. anpassen (Kekse backen, Geburtstagskuchen). Fantasie der Kinder nutzen.

ANREGUNG

37 – Tierbewegungen/Tierstimmen

Ganze Klasse

Ziel:	Auflockerung, Spaß, Interaktion
Fach:	Alle Fächer
Voraussetzung:	Genügend Platz, Gruppengröße von mindestens 12 Kindern
Zeit:	5 bis 10 Minuten
Material:	Zettel mit Tiernamen, jeweils doppelt Poster, Bilder, Filme, Tierstimmen-CD
Vorbereitung:	Zettel mit Tiernamen bzw. Tierstimmen vorbereiten.
Durchführung:	Jedes Kind erhält einen Zettel mit einem Tiernamen (jeder Tiername kommt zweimal vor). Die Kinder merken sich ihren Tiernamen; dann werden die Zettel wieder eingesammelt. Die Kinder bewegen sich nun frei im Schulzimmer und ahmen dabei ihr Tier nach, bis sich Paare gefunden haben. Es empfiehlt sich, am Anfang nicht zu viele Erklärungen und Anweisungen zu geben, um die Fantasie der Kinder anzuregen. Wenn sich alle Paare gefunden haben, bilden die Kinder gemeinsam wieder einen Kreis. Nun können bestimmte Tiere Plätze tauschen und sich entsprechend verwandeln.
Besonderes:	Das Spiel statt mit Bewegungen mit Tierstimmen durchführen (Zimmer verdunkeln).
Tipp:	Bewegungen und Tierstimmen müssen vorab vorgestellt und besprochen sein (Bilder, Filme, Tonaufnahmen).

ANREGUNG UND KONZENTRATION

38 – Marionettenspiel

Partnerarbeit

Ziel:	Beruhigung und Abbau von Spannungen sowie Förderung von Aufmerksamkeit, Fantasie und Kreativität
Fach:	Alle Fächer
Voraussetzung:	Genügend Platz
Zeit:	5 bis 15 Minuten
Material:	Evtl. Marionettenfigur oder Bild zu Anschauungszwecken
Vorbereitung:	Die Kinder bilden Paare.
Durchführung:	Das eine Kind legt sich auf den Boden oder setzt sich auf einen Stuhl; es wird zur Marionette und darf sich nicht von sich aus bewegen. Das andere Kind wird zum Marionettenspieler und zieht langsam pantomimisch die Fäden: am Kopf, an den Schultern, an Ellbogen, Händen, Fingern, Knien, Füßen usw. Es bringt die Marionette so zum Aufstehen, zum Gehen, zu beliebigen, aber immer etwas steifen Bewegungen. Anschließend Rollentausch.

Besonderes:	Varianten: Begleitung bzw. Steuerung mit Musik. Mehrere Paare bilden ein Standbild oder eine bewegte Szene.
Tipp:	Es ist wichtig, dass die Kinder sich auf ihr Gegenüber einzulassen lernen.

ANREGUNG UND KONZENTRATION

39 – Spring ins Haus

Ganze Klasse / Einzelarbeit

Ziel:	Förderung von Konzentration und Aufmerksamkeit sowie rascher Reaktion
Fach:	Alle Fächer
Voraussetzung:	Genügend Platz
Zeit:	5 bis 10 Minuten
Material:	Seil, Signalinstrument (Tamburin)
Vorbereitung:	Möglichst in der Mitte des Raumes ist mit einem am Boden ausgelegten Seil ein Haus markiert. Spielregeln bekanntmachen.
Durchführung:	Die Kinder bewegen sich frei im Raum. Auf ein Signal und eine Merkmalangabe rennen jene Kinder möglichst schnell in den Kreis, auf die das Merkmal zutrifft (z. B. alle Jungen; alle blonden Kinder; alle müden Kinder; alle mit Turnschuhen; alle, die kein Frühstück hatten; alle, die im Mai Geburtstag haben etc.).
	Varianten:
	Die Kinder stehen oder marschieren ständig um den Kreis herum.
	Ein zweiter Kreis stellt den Keller dar. Trifft das Merkmal zu, springt man ins Haus, trifft es nicht zu, springt man in den Keller.
	Das erste Kind im Haus wird zur neuen Sprecherin bzw. zum neuen Sprecher.
	Merkmalangaben mit Verneinungen (alle, die keine Geschwister haben; alle, die nichts Rotes anhaben etc.).
	Merkmalangaben nennen, bei denen niemand oder alle in den Kreis springen müssen.
Besonderes:	Dieses bewegte Spiel fördert neben Konzentration und Reaktionsfähigkeit auch die Begriffsbildung und den kreativen Umgang mit der Sprache. Auch Elemente aus der Mengenlehre werden angesprochen: Die Kinder versuchen, Gemeinsamkeiten und Unterschiede zu erkennen. Auch fremdsprachige Kinder können gut mitspielen, denn die Merkmalangaben können kurz gehalten werden.

ANREGUNG UND KONZENTRATION

40 – Luftballonspiel

Ganze Klasse

Ziel:	Förderung von Bewegungskoordination und Geschicklichkeit sowie Kreativität
Fach:	Alle Fächer
Voraussetzung:	Genügend Platz
Zeit:	10 bis 15 Minuten
Material:	Genügend Luftballons
Vorbereitung:	Die Luftballons aufblasen und zuknoten.
Durchführung:	Zunächst experimentieren die Kinder selbstständig: Den Luftballon antippen und in der Luft halten. Abwechselnd rechten und linken Arm benutzen.
	Alle Luftballons wirbeln durcheinander. Keiner darf den Boden berühren. Die Kinder achten zu Beginn auf ihren eigenen Ballon, mit der Zeit auch auf andere Ballons in ihrer Nähe.
	Zwei Kinder stellen sich gegenüber und stoßen einen Luftballon hin und her. Steigerung: Mit zwei Ballons.
	Die Luftballons werden mit verschiedenen Körperteilen bewegt: Fingerspitzen, Knie, Füße, Gesäß, Kopf etc.
	Alle diese Variationen können auch zu einem vorgegebenen Rhythmus ausgeführt werden.
Besonderes:	Ballon treten (Übung für Kinder, die eine aggressive Phase haben): Das „Zertreten" eines Ballons fordert Geschick und Energie. Die Zerstörungswut wird in diesem Rahmen respektiert, weil sie einen friedlichen Neuanfang ermöglicht.
Tipp:	Klare Regeln aufstellen (z. B. kein beabsichtigtes Zerstechen eines Ballons).

ANREGUNG UND KONZENTRATION

41 – Rote Zora

Ganze Klasse

Ziel:	Wahrnehmungsschulung, genaues Beobachten sowie Umsetzung des Gesehenen in eigene Bewegungen
Fach:	Alle Fächer
Voraussetzung:	Genügend Platz
Zeit:	5 bis 10 Minuten
Material:	Keines
Vorbereitung:	Die Kinder bilden stehend einen Kreis. Ein ausgewähltes Kind muss den Raum verlassen.
Durchführung:	Ein Kind wird als Rote Zora bestimmt. Alle Bewegungen, die die Rote Zora macht, müssen von den anderen Kindern imitiert werden. Dabei ist es wichtig, dass die Kinder ihr Vorbild möglichst unauffällig beobachten. Das vor der Türe wartende Kind wird hereingerufen und erhält nun die Aufgabe, herauszufinden, wer die Rote Zora ist. Die Anzahl Rateversuche muss vorab vereinbart werden. Anschließend Rollentausch.

Besonderes:	Variante: Jeweils zwei Kinder gemeinsam oder als Konkurrenten raten lassen.
Tipp:	Die Ratezeit begrenzen.

ANREGUNG UND KONZENTRATION

42 – Küken

Ganze Klasse / Einzelarbeit

Ziel:	Lockerung und Aktivierung sowie Förderung der Beweglichkeit
Fach:	Alle Fächer
Voraussetzung:	Genügend Platz
Zeit:	5 Minuten
Material:	Keines
Vorbereitung:	Die Kinder verteilen sich im Schulzimmer.
Durchführung:	Die Lehrperson erzählt die Geschichte:

Wir alle sind kleine Küken, die sich noch im Ei befinden (Kauerstellung einnehmen und die Beine mit den Armen umschließen). *Langsam fangen wir an, gegen die Eierschale zu klopfen* (mit dem Körper hin und herwippen und sich langsam aufrichten). *An gewissen Stellen ist die Schale etwas hart, darum müssen wir mit den „Händen" fest dagegenschlagen. Und dann bricht die Schale oben plötzlich auf und wir können aus dem Ei heraushüpfen.*

Gespannt machen wir uns auf den Weg, um die Landschaft zu erkunden (auf der Stelle treten). *Wir gehen über die Wiese. Plötzlich wird das Gras höher und dichter und wir müssen die Beine weiter vom Boden abheben* (höhere Schritte machen).

Weit entfernt sehen wir einen Fluss, doch bevor wir uns dort abkühlen können, müssen wir über ein Feld mit großen Steinen gehen (große Schritte machen). *Als wir schon ganz nah beim Fluss sind, müssen wir über ein paar Holzstämme hüpfen. Erst dann können wir in den Fluss springen* (Sprung). *Im Wasser bewegen wir uns ans andere Ufer* (Schwimmbewegungen mit den Armen) *und hüpfen dort wieder ans Land. Wir wollen uns schon auf den Weg machen, um die Gegend auf dieser Seite des Flusses zu erkunden, als wir plötzlich einen Fuchs sehen und ganz erschrocken wieder ins Wasser zurückrennen.* (Alle Bewegungen werden jetzt ganz schnell rückwärts in umgekehrter Reihenfolge ausgeführt, bis wir wieder in die sichere Eierschale einsteigen können.)

Besonderes:	Die Bewegungen während des Erzählens vorzeigen.

ANREGUNG UND KONZENTRATION

43 – Lockruf

Ganze Klasse / Partnerarbeit

Ziel:	Die Wahrnehmung trainieren: Unterscheiden und Herausfiltern von Geräuschen
Fach:	Alle Fächer
Voraussetzung:	Genügend Platz (evtl. Turnhalle, Pausenplatz)
Zeit:	5 bis 10 Minuten
Material:	Augenbinden
Vorbereitung:	Die Kinder bilden Zweiergruppen. Jeder Gruppe vereinbart einen bestimmten Lockruf, das heißt ein Geräusch oder ein Wort, das möglichst ausgefallen sein soll, damit es sich von den Geräuschen anderer unterscheidet.
Durchführung:	Die Zweiergruppen trennen sich. Die Kinder verteilen sich frei im Raum. Allen Spielenden werden nun die Augen verbunden. Nur mithilfe des Lockrufes müssen sie versuchen, ihren Partner bzw. ihre Partnerin wiederzufinden. Absichtliche Berührungen und andere Geräusche als der Lockruf sind nicht erlaubt.

Besonderes:	Das Spiel eignet sich gut als Vorbereitung von schulischen Partnerarbeiten.
Tipps:	In jeder Spielrunde die Lockrufe unterschiedlich einschränken: Tiere, die am und im Wasser leben; Tiere, die Gras fressen; Säugetiere, nachtaktive Tiere; Tiere des Bauernhofes usw. Als Augenbinden eignen sich auch Pullover oder Tücher.

ANREGUNG UND KONZENTRATION

44 – Movebrain

Ganze Klasse

Ziel:	Bewegungen nach Vorgabe ausführen und sich verschiedene Abfolgen einprägen
Fach:	Alle Fächer
Zeit:	5 Minuten
Material:	Keines
Vorbereitung:	Die Kinder bilden stehend einen Kreis. Jedes Kind denkt sich eine einfache Bewegung aus (z. B. in die Knie gehen, den rechten Arm ausstrecken, Kopfnicken, mit dem linken Fuß stampfen, mit der rechten Hand am linken Ohr zupfen etc.).
Durchführung:	Der Reihe nach zeigt jedes Kind seine Bewegung vor; die anderen Kinder machen die Übung nach und prägen sie sich ein. Am Ende des Durchgangs werden der Reihe nach alle Übungen von allen wiederholt. Die Konzentration ist ebenso gefragt wie aktives Mitmachen.
Besonderes:	Varianten: Die Lehrperson zeigt nach dem Bewegungsdurchgang auf ein Kind, alle anderen Kinder versuchen, sich an die Übung des Kindes zu erinnern, und führen die Bewegung gemeinsam aus. Bewegungsablauf nach rhythmischer Vorgabe: Die Bewegungen jeweils auf ein akustisches Zeichen ausführen. Regelmäßiger Rhythmus. In mehreren Durchgängen das Tempo steigern.
Tipp:	Eine ruhige Atmosphäre ist der Konzentration förderlich. Es kann auch totales Schweigen vereinbart werden.

ANREGUNG UND GESCHICKLICHKEIT

45 – Luftballontanz

Partnerarbeit

Ziel:	Auflockerung, Bewegung und Aktivierung
Fach:	Alle Fächer
Voraussetzung:	Genügend Platz
Zeit:	5 bis 10 Minuten
Material:	Luftballons
Vorbereitung:	Die benötigte Anzahl Luftballons muss vorab aufgeblasen werden.
Durchführung:	Die Kinder stellen sich zu zweit Rücken an Rücken auf und klemmen einen Luftballon so ein, dass er nicht weggleitet, aber auch nicht platzt.
	Die Kinder versuchen nun, sich gemeinsam so fortzubewegen.
	Die Kinder versuchen, gemeinsam sich auf den Boden zu setzen und wieder aufzustehen, ohne den Ballon zu verlieren.
	Die Kinder fassen den Ballon mit den Händen und werfen ihn sich gegenseitig zu. Fangen nach vorgegebenen Regeln (mit Händen, Füßen, Kopf etc).

Besonderes:	Vorab Regeln festlegen für den Fall, dass jemand einen Ballon zerplatzen lässt.

ANREGUNG UND GESCHICKLICHKEIT

46 – Die fliehende Kiste

Ganze Klasse

Ziel:	Steigerung von Geschicklichkeit und Koordination
Fach:	Alle Fächer
Zeit:	5 Minuten
Material:	Große Kartonschachtel (oder Wäschekorb), Seil, Softbälle, Klebeband
Vorbereitung:	Das Seil wird mit Klebeband an der Kartonschachtel befestigt; die Schachtel ist oben offen.
Durchführung:	Die Lehrperson zieht am Seil die Schachtel bzw. den Korb hinter sich her und rennt der Klasse davon. Die Kinder versuchen, ihre Bälle in die Schachtel zu werfen. Das Spiel ist zu Ende, wenn alle Bälle in der Schachtel gelandet sind. Darauf achten, dass die Kinder die Bälle nicht willkürlich und aus beliebiger Distanz in den Korb zu werfen versuchen. Die Qualität der Wurfbewegungen kann mit Vorübungen gesteigert werden: Der Korb steht in der Mitte, die Kinder in einem Kreis darum herum. Ziel: Den Korb treffen.
Besonderes:	Varianten: Die Kinder stellen sich in zwei parallelen Reihen auf. Der Korbflüchter rennt zwischen den Reihen hin und her. Zuerst langsam, dann schneller. Das Spiel wird interessanter, wenn die Beteiligten, d. h. Kiste, fliehende Person und Werfende, in einer erzählten Geschichte vorkommen. Variante für Gruppen: Drei verschiedene Körbe und Bälle in drei verschiedenen Farben: Das Ziel der Gruppen ist es, den eigenen Korb möglichst frei von Bällen zu halten und den der anderen zu füllen.
Tipps:	Spiel evtl. im Freien durchführen. Nur schwach springende Bälle verwenden.

ANREGUNG UND GESCHICKLICHKEIT

47 – Das fliegende Tuch

Ganze Klasse

Ziel:	Wahrnehmung von Abläufen unter Einbezug bestimmter Körperteile
Fach:	Sport, Musik, alle Fächer
Voraussetzung:	Genügend Platz
Zeit:	5 bis 10 Minuten
Material:	Jongliertücher
Vorbereitung:	Die Schülerinnen und Schüler bilden auf den Stühlen sitzend einen großen Kreis. Alle haben vor sich ein Jongliertuch.
Durchführung:	Erste Runde: Das Tuch mit den Füßen auseinanderfalten. Das Tuch mit einer Hand ergreifen und aufstehen. Das Tuch in die Höhe werfen: Ideen ausprobieren (hoch hinaufwerfen, als Knäuel aufwerfen, mit Blasen nachhelfen).
	Zweite Runde: Auf verschiedene Arten fangen. Beobachtungen, wie sich das Tuch in der Luft verhält.

Weitere Übungen:

- Tuch hochwerfen, sich einmal um 360° drehen und mit den Händen Tuch wieder fangen.
- Tuch mit dem Kopf fangen.
- Tuch mit der rechten / linken Schulter fangen.
- Tuch mit dem Rücken fangen.
- Tuch mit dem rechten / linken Knie fangen.
- Tuch mit dem rechten / linken Fuß fangen.
- Tuch mit dem rechten Fuß hochwerfen und dem linken Fuß fangen, hin und her spielen.
- Zu zweit gegenseitig das Tuch zukicken.

Besonderes:	Variante: Mit Begleitmusik in einem bestimmten Rhythmus.

GESCHICKLICHKEIT

48 – Wattefußball

Partnerarbeit

Ziel:	Lockerung und Spaß, Förderung von Aufmerksamkeit und Geschicklichkeit sowie Interaktion
Fach:	Alle Fächer
Zeit:	5 Minuten
Material:	Pro Kind ein Strohhalm Pro Gruppe ein Wattebausch
Vorbereitung:	Evtl. Mitte des „Spielfeldes" mit Klebeband markieren.
Durchführung:	Zwei Kinder sitzen sich am Tisch gegenüber. In der Mitte liegt ein Wattebausch. Jedes Kind hält einen Strohhalm im Mund. Das Ziel ist es, den Wattebausch auf der Seite des Partners über die Tischkante zu blasen. Die Hände bleiben dabei auf dem Rücken. Anschieben ist nicht erlaubt. Auf ein vereinbartes Zeichen beginnt das Spiel. Wenn der Wattebausch zu Boden fällt, startet das Spiel erneut.
Besonderes:	Varianten: Spielfeld variieren: Länge oder Breite des Tisches benutzen. Gruppenarbeit: Die Gruppe verteilt sich gleichmäßig um einen Tisch. Ziel ist es, dass der Wattebausch nie auf den Boden fällt. Parcours: Für den Wattebausch wird ein Parcours angelegt, durch den er gepustet wird. Wettbewerb: Wer kann den Wattebausch am weitesten pusten?
Tipps:	Tor markieren: Es zählt nur, wenn der Wattebausch durchs Tor geblasen wird. Klare, verbindliche Regeln formulieren.

ANREGUNG UND GESCHICKLICHKEIT

49 – Stuhltanz

Ganze Klasse / Einzelarbeit

Ziel:	Aktivierung und Auflockerung sowie Koordination gezielter Bewegungen
Fach:	Alle Fächer
Zeit:	5 Minuten
Material:	Keines
Vorbereitung:	Die Kinder rücken mit dem Stuhl etwas vom Tisch zurück oder sie bilden auf den Stühlen sitzend einen Kreis.
Durchführung:	Die Lehrperson sagt den Text und führt die Bewegungen vor:

stampf, stampf	mit den Füßen auf den Boden stampfen
klatsch, klatsch	in die Hände klatschen
bum, bum, bum	mit den Fäusten dreimal aufs Pult klopfen
klatsch, klatsch	s. o.
stampf, stampf	s. o.
dreh dich um	aufstehen, um die eigene Achse drehen
reinschlüpfen	Arme verschränken
hin und her	verschränkte Arme hin und her bewegen
drehen, drehen	Hände umeinander drehen
das ist nicht schwer	Arme ausstrecken (Hurra-Bewegung)
vor	Beine nach vorne strecken
zurück	Füße zurücknehmen
und auseinander	Beine auseinanderspreizen
zusammen	Beine wieder zusammen
klein	sich klein machen (zusammenkauern)
und groß	sich groß machen (aufstehen)
jetzt geht's wieder los	wieder hinsetzen

Schluss:
jetzt geht's nicht mehr los	mit dem Finger wackeln

Besonderes: Mehrere Durchgänge. Das Tempo kann nach jedem Durchgang verändert werden.

Varianten:
Stumm: Einen Teil der Bewegung auslassen, den Text weiterlaufen lassen, später wieder einsetzen.

Mit Musik: Ein Teil der Klasse ist Rhythmusgruppe.

GESCHICKLICHKEIT UND KONZENTRATION

50 – Radiergummitransport

Ganze Klasse / Einzelarbeit

Ziel:	Förderung von Beweglichkeit und Koordination sowie Schulung von Grob- und Feinmotorik
Fach:	Alle Fächer
Zeit:	5 Minuten
Material:	Radiergummis
Durchführung:	Die Kinder erhalten den Auftrag, einen Radiergummi auf ungewohnte Weise durch den Raum zu transportieren. Ziel ist es, möglichst viele Varianten zu finden und möglichst viele Körperteile mit einzubeziehen.
	Die Lehrperson zeigt eine mögliche Variante vor (Radiergummi auf Bauch, Hände und Füße auf dem Boden; entspricht einer Kräftigung der Rumpf- und Armmuskulatur).

Besonderes:	Die Lehrperson kann eine bestimmte Strecke vorgeben, die die Kinder in einer Art Parcours absolvieren.
Tipp:	Es können Staffeln (Gang, Pausenplatz) durchgeführt werden.

ANREGUNG

51 – Die Bewegungshexe

Ganze Klasse / Einzelarbeit

Ziel:	Aktivierung, Schulung von Beweglichkeit und Koordination
Fach:	Alle Fächer
Zeit:	10 Minuten
Material:	„Stab" (gerolltes Zeichnungspapier), Jonglierball
Vorbereitung:	Die Kinder bilden stehend einen Kreis.
Durchführung:	Die Lehrperson erzählt die Geschichte möglichst frei. Sie macht die Bewegungen vor, die Kinder bewegen sich dazu auf der Stelle.

Die Großmutter hat Fritzchen verboten, auf den Dachboden zu gehen. Eines Tages steigt er dennoch die steile Treppe zum Dachboden hinauf. Im letzten Stock angekommen, muss er sich weit strecken, um die Falltüre zu entriegeln und zu sich herunterzuziehen.

Erwartungsvoll steigt Fritzchen die Treppe hoch. Auf dem Dachboden ist es dunkel und er kann kaum etwas erkennen. In diesem Moment schlägt die Falltüre zu und Fritzchen springt vor Schreck in die Höhe. Da sieht er eine kleine, alte Hexe, die ihn interessiert ansieht. Fritzchen zittert vor Angst am ganzen Körper. „Auf dich habe ich gerade gewartet", sagt die Hexe erfreut. Fritzchen erkennt erleichtert, dass er vor ihr keine Angst haben muss. Ganz entspannt lässt er die Arme baumeln. „Weißt du, wer ich bin?", fragt die Hexe. Fritzchen schüttelt heftig den Kopf. „Ich bin die Bewegungshexe. Es gibt Kinder, die immer nur herumsitzen und sich zu wenig bewegen. Deshalb sollst du diesen Zauberstab mit in die Schule nehmen. (Die Lehrperson übergibt den Stab einem Kind).

Versuche, möglichst viele Kinder leicht an der Schulter zu berühren. Dann beginnen sie nämlich sofort, sich zu bewegen. Der Stab wird aber wirkungslos, wenn die Kinder einen Ball fangen. (Sobald alle Kinder in Bewegung sind, wirft die Lehrperson einem Kind den Ball zu.)

Wenn der Ball anderen Kindern zugespielt wird, stehen diese wieder still. Dann musst du sofort diese Kinder wieder mit dem Stab berühren." Fritzchen hört gebannt zu und verspricht der Hexe, sein Möglichstes zu tun. Und so geht es immer weiter, bis Fritzchen erschöpft ist und nicht weiß, wie er sich aus dieser anstrengenden Situation befreien soll. Aber er darf nicht aufgeben, denn er hat es der Hexe ja versprochen! Die Befreiung kommt aber bald, denn plötzlich klingelt der Wecker. Fritzchen schreckt im Bett hoch und hört, wie die Mutter sagt: „Guten Morgen, es ist Zeit aufzustehen." Fritzchen steht auf, streckt sich und ist erleichtert, dass er nun erlöst ist.

Tipp:	Anzahl Zauberstäbe und Anzahl Bälle variieren.

GESCHICKLICHKEIT

52 – Fischer, wie tief ist das Wasser?

Ganze Klasse

Ziel:	Aktivierung, Schulung von Beweglichkeit und Geschicklichkeit
Fach:	Alle Fächer
Voraussetzung:	Genügend Platz (Pausenplatz, Turnhalle)
Zeit:	5 Minuten
Material:	Keines
Durchführung:	Ein Kind spielt den Fischer, alle anderen stellen sich in größtmöglicher Entfernung gegenüber auf. Sie rufen: „Fischer, wie tief ist das Wasser?" Der Fischer antwortet mit einer beliebigen Meterzahl. Alle fragen: „Wie kommen wir hinüber?" Der Fischer antwortet mit einer beliebigen Fortbewegungsart, z. B. hüpfend auf einem oder auf beiden Beinen, seitlich hüpfend, im Entengang, auf allen Vieren, rückwärts gehend etc. Der Fischer versucht nun, indem er sich in gleicher Weise bewegt, möglichst viele Spieler zu fangen (d. h. zu berühren). Wer die gegenüberliegende Wand erreicht, ohne berührt zu werden, bleibt dort. Wer berührt wurde, wird in der nächsten Runde den Fischer unterstützen.

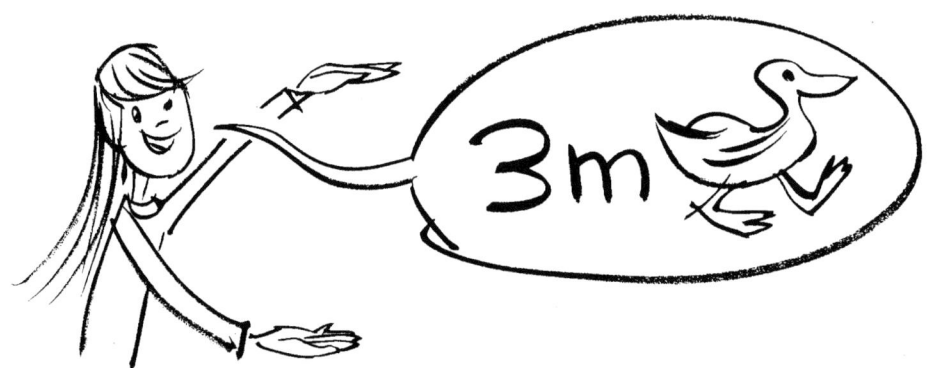

Besonderes:	Die Flussüberquerung kann auch als Wettbewerb durchgeführt werden: Die Kinder erhalten je zwei Blatt Papier (A4 oder Zeitung). Ziel ist es, das andere Ufer zu erreichen, indem man lediglich auf den Papierstücken vorwärts geht. Das heißt, man stellt sich mit beiden Beinen auf das erste Blatt, legt das zweite vor sich auf den Boden, macht einen Schritt auf das zweite, greift hinter sich und legt das erste wieder vor sich auf den Boden etc.

ANREGUNG

53 – Tripp, trapp, auf und ab

Ganze Klasse

Ziel:	Auflockerung, Bewegung, Anregung
Fach:	Alle Fächer
Voraussetzung:	Stabile Schulzimmereinrichtung, keine Materialien auf dem Tisch
Zeit:	5 bis 10 Minuten
Material:	4 Aktionskarten (siehe folgende Seite) in doppelter Ausführung: einmal auf Format A3 kopiert für Wandtafel, einmal klein für Stapel. Klanginstrument
Vorbereitung:	Aktionskarten evtl. vorgängig kolorieren lassen, evtl. laminieren.
Durchführung:	Die Lehrperson präsentiert die möglichen Stellungen gemäß den Aktionskarten, zeigt jede Haltung einmal vor und lässt sie gleichzeitig nachmachen. Verweis auf Sicherheitsmaßnahmen: waagrecht fixierte Tischplatten, keine Materialien auf dem Tisch, Sitzbälle aus Aktionsweite entfernt etc.
	Jedes Kind wählt nun eine der vier Stellungen aus und nimmt diese ein. Die Lehrperson zieht eine Aktionskarte vom Stapel und legt sie verdeckt vor sich hin.
	Nun gibt sie ein akustisches Signal (Glocke, Tamburin, klatschen). Die Kinder nehmen beim Erklingen des Signals eine andere Stellung ein.
	Nach mehreren Wiederholungen zeigt die Lehrperson die gezogene Aktionskarte. Wer sich in dieser Stellung befindet, gewinnt einen Punkt.
Besonderes:	Varianten:
	Anstelle des akustischen Signals stellt die Lehrperson eine unterrichtsbezogene Aufgabe (z. B. Rechenaufgabe).
	Die Übung ist äußerst lebendig und bietet allen Kindern einen hohen Aktivitätsgrad. Ein erhöhter Geräuschpegel ist zu erwarten.
Tipp:	Konsequent Sicherheitsregeln überprüfen.

ANREGUNG UND KONZENTRATION

54 – Familie Meier

Ganze Klasse / Einzelarbeit

Ziel:	Aktivierung, Schulung von Beweglichkeit und Koordination
Fach:	Alle Fächer
Voraussetzung:	Genügend Platz
Zeit:	5 bis 10 Minuten
Material:	Keines
Vorbereitung:	Die Kinder sitzen an ihren Arbeitsplätzen oder im Kreis. Rollen verteilen: Frau Meier, Herr Meier, Petra, Paul, Hund Fido.
Durchführung:	Die Lehrperson erzählt die Geschichte. Wenn eine bestimmte Person genannt wird, muss diese so schnell wie möglich aufstehen, den Stuhl einmal umkreisen und sich anschließend wieder setzen. Beim Begriff *Familie Meier* gilt die Aufgabe für alle. *Es ist Mittwochmorgen um 10.30 Uhr. Bei Familie Meier klingelt das Telefon. Fido beginnt zu bellen. Er ist alleine zuhause. Herr und Frau Meier sind bei der Arbeit und Petra und Paul sind in der Schule. Bald hört das Telefon auf zu klingen und Fido beruhigt sich wieder. Kaum hat er sich im Wohnzimmer hingelegt, hört er, wie ein Schlüssel im Schloss gedreht wird. Petra und Paul kommen nach Hause. Fido begrüßt sie begeistert. Paul sagt zu Petra, sie solle mit Fido Gassi gehen, während er sich um die Vorbereitung des Mittagessens kümmere. So nimmt Petra Fido an die Leine und geht mit ihm spazieren. Paul wärmt einen Topf voll Wasser, um Spaghetti zu kochen. Kurze Zeit später kommen Herr Meier und Frau Meier von der Arbeit nach Hause. Beide waschen sich schnell die Hände. Danach deckt Herr Meier den Tisch und Frau Meier hilft Paul beim Kochen. Gerade als die Spaghetti fertig sind, kommen Petra und Fido zur Tür herein. Es duftet fein. Der Magen von Petra knurrt und auch Fido läuft das Wasser in der Schnauze zusammen. Herr Meier macht noch schnell für Fido das Futter bereit und dann kann die ganze Familie Meier essen. Anschließend besprechen sie, was sie an diesem freien Nachmittag unternehmen möchten. Frau Meier will an den See fahren, wo die ganze Familie Meier spazieren und sich später im kühlen Wasser erfrischen könnte. Petra, Paul und Fido sind begeistert. Herr Meier, der zuerst noch skeptisch ist, lässt sich von Petra und Paul schnell überzeugen. So räumt Familie Meier nach dem Mittagessen schnell die Küche auf und macht sich auf den Weg …*
Besonderes:	Kann als Einstieg zu einem Thema des Sachunterrichts genutzt werden: Geschichte anpassen. Die Veränderung der Geschichte sorgt für Abwechslung und neue Konzentration.
Tipp:	Es lassen sich auch andere Familienformen (Patchwork) darstellen.

ANREGUNG

55 – Klammeraffe

Gruppenarbeit

Ziel:	Aktivierung, Übung von Koordination und Beweglichkeit, Abstimmung der Körperhaltung auf eine Partnerin oder einen Partner
Fach:	Alle Fächer
Voraussetzung:	Die Kinder kennen die Zahlen von 1 bis 6.
Zeit:	5 bis 10 Minuten
Material:	Pro Gruppe ein Würfel und 16 Spielkarten (siehe folgende Seite)
Vorbereitung:	Die Karten kopieren, ausschneiden und auf der Rückseite jeweils mit den Zahlen von 1 bis 5 versehen.
	Gruppen mit acht Kindern bilden. Innerhalb der Gruppen Paare bilden.
Durchführung:	Die Karten werden gemischt und mit den Zahlen nach oben auf den Tisch gelegt. Eine Zweiergruppe beginnt mit Würfeln. Wird eine 6 gewürfelt, gibt das Paar den Würfel ans nächste weiter. Zeigt der Würfel eine Zahl zwischen 1 und 5, ziehen die beiden Kinder gemeinsam eine Karte, die die gewürfelte Zahl aufzeigt. Die entsprechenden beiden Körperteile müssen nun im Folgenden so aneinander gehalten werden, dass sich die Karte dazwischen klemmen lässt. Während die Kinder in dieser Stellung verharren, geht das Spiel weiter reihum. Ziel des Spiels ist es, möglichst viele Karten aufzunehmen. Es können mehrere Karten an einer Stelle eingeklemmt werden.
	Wer eine Karte verliert, scheidet aus dem Spiel aus. Heruntergefallene Karten kommen zurück auf den Spieltisch.
	Wird eine Zahl gewürfelt, die als Karte nicht mehr vorhanden ist, setzt das Paar eine Runde aus.
Besonderes:	Variante:
	Ein ausgeschiedenes Paar kann sich ins Spiel zurückbringen durch eine zusätzliche Bewegungsaufgabe (z. B. einmal auf einem Bein um die ganze Gruppe hüpfen).
Tipp:	In der 1. Klasse sollten neben den Begriffen zusätzlich Abbildungen der Körperteile zu sehen sein.

Knie	linker Daumen	Schulter	linker Fuß
linker Unterarm	rechter Fuß	Kopf	rechter Unterarm
rechter kleiner Finger	linker kleiner Finger	Unterschenkel	rechter Daumen
Oberarm	Ferse	Po	Ellbogen

ANREGUNG UND KONZENTRATION

56 – Indianergeschichte

Ganze Klasse

Ziel:	Auflockerung, Schulung von Bewegung und Koordination
Fach:	Alle Fächer
Voraussetzung:	Genügend Platz
Zeit:	5 bis 10 Minuten
Material:	Keines
Vorbereitung:	Die Kinder bilden stehend einen Kreis.
Durchführung:	Die Lehrperson erzählt die Geschichte und macht die Bewegungen dazu vor, die Kinder ahmen die Bewegungen nach.

Wir sind im Land der Indianer. Es ist früh morgens; die Sonne geht auf, und zwar zweimal. (mit den Armen die Bewegung der aufgehenden Sonne machen)

Der Häuptling wacht auf und beginnt, sich zu recken und zu strecken. (Arme und Beine strecken)

Er horcht, ob alle Indianer noch schlafen. (Horchen)

Da beginnt er zu rufen: „Hey Hagenunu, hey Hagenunu, Hagenunu jäh, Hagenunu jäh!"

Er horcht wieder, doch alles bleibt still. Jetzt ruft er lauter: „Hey Hagenunu, hey Hagenunu, Hagenunu jäh, Hagenunu jäh!" Nun beginnen sich auch die anderen Indianer zu recken und zu strecken und kommen aus ihren Zelten heraus. (mit den Armen die Bewegung nachmachen)

Sie wärmen sich am Feuer, dann kochen die Indianerfrauen Kaffee. Die Männer reiten los, um ihre Kuh zu suchen; sie wollen Milch für den Kaffee holen. (Hände auf Oberschenkel schlagen)

Dort angekommen gucken sie erstaunt, denn was sehen sie? Die Kuh ist weg! Schnell reiten sie zurück und erzählen es ihren Frauen. Diese sagen: „Die Apachen, unsere Feinde, haben bestimmt die Kuh gestohlen! Reitet hin und sucht sie!"

Und sie reiten los, durch die Wälder (schlagen auf Oberschenkel), *über eine Holzbrücke* (schlagen auf das Brustbein), *dann durch die Wüste* (reiben der Oberschenkel) *und über einen Berg; hier kommen die Pferde nur langsam voran.*

Fortsetzung nächste Seite

ANREGUNG UND KONZENTRATION

56 – Indianergeschichte (Fortsetzung)

Ganze Klasse

Auf der anderen Seite geht es dafür ganz schnell wieder bergab. Ein weiteres Stück Wald, noch ein Berg, es geht steil aufwärts, dann wieder hinunter. Nun sind sie am Ziel angelangt.

Sie halten nach der Kuh Ausschau. Als sie diese nicht sehen, rufen sie „Hugemuhmuh". Keine Antwort. Sie rufen lauter: „Hugemuhmuh!" Sie hören in der Ferne ein „Muh".

Schnell reiten sie zu ihrer Kuh und nehmen sie mit nach Hause. (wie oben: Berg auf – Berg ab – Wald – Berg auf – Berg ab – Wüste – Holzbrücke – Wald)

Die Indianerfrauen freuen sich, ihre Männer und die Kuh wiederzuhaben. Die Indianer melken die Kuh, trinken ihren Kaffee und ruhen sich nach dem langen Ritt am Lagerfeuer aus. Der Häuptling raucht seine Pfeife und bald geht die Sonne auch schon unter – und zwar zweimal. (mit den Armen die Bewegung der untergehenden Sonne machen)

Die Indianer werden müde, fangen an zu gähnen (gähnen) *und kriechen in ihre Zelte* (kriechen).

Bald schlafen alle und man hört einige auch schnarchen (einschlafen und schnarchen). *Nur der Häuptling ist noch wach und flüstert: „Hagenunu, Hagenunu jäh!"*

Doch bald schläft auch er ein.

Alle Übungen auf einen Blick

- **E** Entspannung
- **K** Konzentration
- **A** Anregung
- **G** Geschicklichkeit
- **KL** Ganze Klasse
- **GA** Gruppenarbeit
- **PA** Partnerarbeit
- **EA** Einzelarbeit

#	Übung	E	K	A	G	KL	GA	PA	EA	Seite	Anmerkung
1	Am Meeresstrand	E				KL			EA	S. 13	
2	Baum	E				KL			EA	S. 14	
3	Das wechselhafte Wetter	E						PA		S. 15	
4	Der unsichtbare Bleistift	E				KL			EA	S. 16	
5	Gartenmassage	E						PA		S. 17	
6	Es fliegt ein Vogel allein	E	K			KL			EA	S. 18	
7	Kleine weiße Wolke	E				KL			EA	S. 19	
8	Luftballon	E				KL			EA	S. 20	
9	Die Moldau	E				KL			EA	S. 21	
10	Wolkenkutschen	E				KL		PA	EA	S. 22	
11	Rückentelefon		K			KL	GA			S. 23	
12	Mottenfangen		K				GA			S. 24	
13	Versteckspiel	E	K			KL			EA	S. 25	
14	Machs nach!		K					PA		S. 26	
15	Kugelspiel		K			KL				S. 27	
16	Knopf-Staffel		K			KL				S. 28	
17	Flüsterkreis		K			KL				S. 29	
18	Klopf-Gespenster		K			KL				S. 30	
19	Menschen-Memory®		K			KL				S. 31	
20	Eine Regengeschichte			A				PA		S. 32	
21	Alle bewegen sich wie ...			A			GA		EA	S. 33	
22	Brrrr-Täk!			A		KL				S. 34	
23	Raumgeräusche		K			KL			EA	S. 35	
24	Dschungel-Spaziergang			A		KL				S. 36	
25	Elefanten putzen			A		KL			EA	S. 37	
26	Händeturm			A			GA			S. 38	
27	Morgenmuffel			A		KL				S. 39	
28	Schlangen unter sich			A		KL	GA			S. 40	
29	Im Zoo			A		KL				S. 41	
30	Schnecke und Ameise			A		KL				S. 42	
31	Sprungfangen			A		KL				S. 43	
32	Bleistifttanz		K	A				PA		S. 44	analog zu 29 Klasse 3/4
33	Hände suchen		K	A	G	KL				S. 45	analog zu 30 Klasse 3/4
34	Empfindungswanderung		K	A	T	KL				S. 46	
35	Jäger, Bären und Bienen		K	A		KL				S. 47	
36	Pizza backen	E		A				PA		S. 48	
37	Tierbewegungen/Tierstimmen			A		KL				S. 49	
38	Marionettenspiel		K	A				PA		S. 50	
39	Spring ins Haus		K	A		KL			EA	S. 51	
40	Luftballonspiel		K	A		KL				S. 52	analog zu 21 Klasse 3/4
41	Rote Zora		K	A		KL				S. 53	analog zu 23 Klasse 3/4
42	Küken		K	A		KL			EA	S. 54	
43	Lockruf		K	A		KL		PA		S. 55	
44	Movebrain		K	A		KL				S. 56	
45	Luftballontanz			A	G			PA		S. 57	analog zu 42 Klasse 3/4
46	Die fliehende Kiste			A	G	KL				S. 58	
47	Das fliegende Tuch			A	G	KL				S. 59	analog zu 33 Klasse 3/4
48	Wattefußball				G			PA		S. 60	
49	Stuhltanz			A	G	KL			EA	S. 61	
50	Radiergummitransport		K		G	KL			EA	S. 62	
51	Die Bewegungshexe			A		KL			EA	S. 63	
52	Fischer, wie tief ist das Wasser?				G	KL				S. 64	
53	Tripp, trapp, auf und ab			A		KL				S. 65	
54	Familie Meier		K	A		KL			EA	S. 67	
55	Klammeraffe			A			GA			S. 68	
56	Indianergeschichte		K	A		KL				S. 70	